暴力に頼らない指導

【編集代表】
弁護士 　菅原 哲朗
弁護士 　望月 浩一郎

【編集委員】
弁護士 　伊東 卓
弁護士 　大橋 卓生
弁護士 　境田 正樹
弁護士 　松本 泰介
国士舘大学 　入澤 充

エイデル研究所

巻頭言

　スポーツは楽しい。みなスポーツが大好きだ。そのスポーツを悲劇にするのは暴言・暴力・パワハラ・セクハラだ。誰しもスポーツから暴力行為を撲滅したいと願っている。

　スポーツ基本法の理念には、「スポーツ体罰」という言葉はなく、「体罰」はまさに犯罪だという現実がある。しかも様々な事態が進行する限られた時間の中で、我々は真の勝利をめざすスポーツ指導に暴力という選択肢はない、と基本的人権たるスポーツ権を訴えたい強い思いで本書を編んだ。

　2012年大阪市立桜宮高等学校（以下、桜宮高校）における部活動の現場で、指導教師によって暴力を受けたバスケットボール部主将の高校生が自殺する痛ましい事件が起こった。2013年女子柔道におけるトップアスリート選手への男性指導者による暴力事件が顕在化した。

　学校教育法11条は「体罰を加えることはできない」と定める。しつけの一環としての懲戒と、体罰との区別は微妙だが、「善い体罰、悪い体罰」の違いはない。いくら教師に愛情・熱意があっても自殺を招く体罰は故意の刑法犯である。
　スポーツ体罰と言っても中学・高校の教育現場で生じる「指導の行き過ぎ」たる学校体育や部活動体罰事件と金メダルをめざすトップアスリート指導の競技スポーツ現場の「勝利至上主義」による暴行事件とは場面が異なり、フェアプレーと全く質が異なる不正行為だ。

　2013年4月25日、日本青年館で「スポーツ界における暴力行為根絶に向けた集い」が開催され、日体協、JOCなど5団体により「暴力行為根絶宣言」が採択された。
　しかし、日本スポーツ界を覆うスポーツ体罰の根は深い。暴力行為根絶宣言が出されてもゼロにすることはできないだろう。交通事故と比較すれば分かる。走る凶器の自動車事故は刑法の罪をいくら重くしても避けることのできない現代の災害だ。毎年の統計を見ても、交通事故はゼロにできない。だが、自動車メーカー、交通行政、市民は英知を集め、いかに交通事故、とりわけ死亡事故をゼロに近づけるか、日々努力を惜しまない。

同様にスポーツ体罰はゼロにはできないかもしれない。しかし、スポーツを愛する者は、暴言・暴力・パワハラ・セクハラを防止し、スポーツ体罰をゼロにする努力を惜しまない。

　日弁連スポーツ法ヨーロッパ視察団は本年5月後半から6月はじめに英国・オランダ・ベルギー・フランスを歴訪した。そこで得たスポーツ先進国たる欧州の「グッド・ガバナンス」確立は、大小にかかわらずスポーツ組織に必須の要件で、アンチ・ドーピング対策とともに将来我が国のスポーツ界が学ぶべき大きな骨格ということだ。

　現代スポーツでは薬の力に頼るドーピングは不正行為だ。ドーピングによって得られた勝利がフェアな勝利ではないという認識は、いまや世界共通の認識である。それ故、世界のスポーツ界がアンチ・ドーピング活動に積極的に取り組んでいる。
　ましてや、暴力によって得られた勝利は、フェアな勝利ではなく、真のスポーツ指導でも、真の勝利でもない。今、日本スポーツ界はガバナンス（組織の統治）を強く認識するとともにコンプライアンス（法令遵守）確保への第三者委員会に法律家の関与が必要な時代であると指摘したい。

　本書は座談会・論考・インタビュー・アンケート・資料から構成した。残念ながら「真のスポーツ指導は何か」との明確な答えは未だない。しかし本書は法律家の知り得ない「真の勝利をめざすスポーツ指導」に向けた大きなヒントを読者が自ら得てもらうべく現場の声を大事にした。是非、興味のある頁から読み込んでもらいたい。

　日本スポーツ法学会スポーツ基本法検討専門委員会の皆様および本書の出版を快諾してくれたエイデル研究所と編集部・熊谷耕さんには企画から編集の最後までお世話になった。弁護士はつい事件を探索する思考方法になる。おかげでインタビューやアンケート分析ではできるだけスポーツ現場の生の声を引き出すべく資料収集にあたることができた。

2013年7月　編集代表　菅原哲朗

contents

巻頭言 Foreword　　　キーストーン法律事務所 代表 **菅原 哲朗** ……▶2

第Ⅰ部
座談会
Discussion Meeting

「スポーツにおける真の勝利
　　——暴力に頼らない指導」 ……▶8

●出席者
筑波大学体育系 准教授 **山口 香**
元全日本女子バレーボール監督 **吉川 正博**
法政大学 教授 **山本 浩**
キーストーン法律事務所 代表 **菅原 哲朗**

第Ⅱ部
論文
The Paper About A Sport

スポーツでの暴力をなくすための
競技団体の課題
　　　　　虎ノ門協同法律事務所 弁護士 **望月 浩一郎** ……▶22

運動部活動の指導における
体罰に関する報道事例の分析
　　　　　新四谷法律事務所 弁護士 **伊東 卓** ……▶30

スポーツと暴力の関係・歴史
　　——スポーツは極めて暴力的だった!?
　　　　　筑波大学体育系 教授 **菊 幸一** ……▶41

「体罰・暴力」に頼らない、
スポーツ指導者養成のために
　　　　　文教大学 准教授 **高井 和夫** ……▶48

第Ⅲ部
インタビュー「スポーツにおける真の勝利」

INTERVIEW of True Instruction

野球●
智辯学園和歌山高等学校 野球部監督
高嶋 仁氏に聞く ……………………………………………▶56

ソフトボール●
青森県弘前市教育委員会 08年北京オリンピック日本代表監督
齋藤 春香氏に聞く …………………………………………▶64

バスケットボール●
帝京蒼柴学園帝京長岡高等学校 男子バスケットボール部監督
柴田 勲氏に聞く ……………………………………………▶71

バレーボール●
嘉悦大学 准教授 女子バレーボール部監督
ヨーコ・ゼッターランド氏に聞く …………………………▶78

ソフトテニス●
早稲田大学 教授 子どもの権利条約総合研究所代表
喜多 明人氏に聞く …………………………………………▶84

シンクロナイズドスイミング●
前シンクロ委員長・前JOC強化委員・専任コーチ
金子 正子氏に聞く …………………………………………▶92

ラグビー●
防衛大学校 教授 ラグビー部監督
山本 巧氏に聞く ……………………………………………▶100

バドミントン●
元JOC アシスタントナショナルコーチ
米倉 加奈子氏に聞く ………………………………………▶106

サッカー●
明治大学 体育会サッカー部監督
神川 明彦氏に聞く …………………………………………▶112

応援部●
早稲田大学 教授 応援部部長
葛西 順一氏に聞く …………………………………………▶119

第Ⅳ部
アンケート分析／資料

Analysis of a Questionnaire and Data

『スポーツにおける真の勝利
　── 暴力に頼らない指導』
アンケート集計結果・分析
　　　　　　　　　虎ノ門協同法律事務所 弁護士 **大橋 卓生** ……… ▶130

アンケート分析に基づく提言
　　　　　　　　　Field-R法律事務所 弁護士 **松本 泰介** ……… ▶146

Data

資料
◉スポーツ界における暴力行為根絶宣言（和文／英文）…… ▶153／157
◉日本スポーツ法学会理事会声明 ………………………………… ▶161
◉一般社団法人日本体育学会理事会　緊急声明 ………………… ▶164

Editor's Postscript

編集後記 ……………………………………………………………… ▶166

装丁・本文DTP■ **大倉 充博**
写真撮影■ **ホリバ トシタカ**
座談会／インタビュー編集■ **小泉 弓子**

第Ⅰ部

座談会

Discussion Meeting

座談会

スポーツにおける真の勝利
──暴力に頼らない指導

筑波大学体育系 准教授
山口 香 (やまぐちかおり)
●プロフィール
　13歳で全日本女子柔道体重別選手権大会で優勝。以降10連覇を達成。オリンピックでは1988年ソウル（銅）に出場し、また世界選手権でも多くのメダルを獲得する。2013年の女子柔道強化選手による暴力告発問題では告発した選手のサポート役を引き受ける。現在、筑波大学体育系准教授、全日本柔道連盟強化委員、東京都教育委員会教育委員など。

元全日本女子バレーボール監督
吉川 正博 (よしかわ まさひろ)
●プロフィール
　東海大学卒業後、NECに入社。アトランタオリンピックのコーチやNECレッドロケッツの監督を経て、2001年に全日本女子バレーボールチーム監督に就任。その後、NECレッドロケッツ監督に復帰し、チームを優勝へ導く。Vリーグ最優秀監督賞を受賞。現在、NECライベックス所属、解説者など。

法政大学 教授
山本 浩 (やまもと ひろし)
●プロフィール
　東京外国語大学卒業後、NHK入局。アナウンサーとしてオリンピックやサッカーワールドカップ等で数々の名実況を生み出す。現在、法政大学教授、スポーツ評論家。

キーストーン法律事務所 代表
菅原 哲朗 (すがわら てつろう)
●プロフィール
　弁護士、日本体育協会国体委員、国立スポーツ科学センター倫理審査委員、第二東京弁護士会スポーツ法政策研究会代表幹事、日本スポーツ法学会元会長、国立国際医療研究センター理事など。

菅原 法律家として桜宮高校での生徒の自殺問題から女子柔道選手の暴力告発、さらには柔道元金メダリストの刑事裁判や組織役員のセクハラなど、一連のマスコミ報道を見ていまして、例えば企業の場合、不祥事が起きた時には企業責任が問われます。発生原因の調査が行われ、最終的に被害者への補償も含めた再発防止対策が立てられる、そのようなガバナンス（組織の統治）やコンプライアンス（法令遵守）を念頭に置いた解決の道筋で進められるわけですが、スポーツ界ではそれがどうも機能していないのではないかと思います。

　私は一市民としてスポーツや学校教育で体罰や暴力は絶対に根絶すべきだと考えています。しかし様々なスポーツや体育関係者へのアンケートの回答では体罰や暴力に対して肯定的な意見も多くみられます。躾と体罰は違うはずだ、どうも体質的に体罰を根絶するとか、暴力を防止するということがスポーツでは難しいのかな、それはなぜなのだろうかと素朴な疑問をもっています。今回は3人の先生方にスポーツ現場の意識から語っていただき、かつ討論をして、最終的には本書のタイトルでもある「真の勝利とは？」というところまで結びつけていきたいと思います。まず、体罰や暴力がなくならないのはなぜか、その原因について、いかがですか？

■なぜ体罰や暴力がなくならないか

吉川 例えば選手が試合に負けたり練習でできなかったりした時に、どこに視点を置くかということがまず問題になると思います。私の場合は、ずっと指導者として歩んできた中で一番大事にしてきたのは、負けたことをチームとして受け止めることも必要ですけれど、選手がうまくできないのは選手が悪いのではなく、やはり自分の指導力不足だったと考える、ということです。私は選手と一緒に動くことを基本にしているので、できないことに対して「罰」を与えるということは、指導者としては絶対にしてこなかった。できないから体罰を与えるのではなく、できないなら違う方法、言葉で教えるか、身をもって教えるか、色々試してみる、そしてできたら褒める。何でもいいからできた、できる喜びを選手に与えることを最終的な目標にしてきました。もし私が選手を叱るとしたら、例えば仲間をののしったり仲間を裏切るような行為をしたりとか、世間一般でしてはいけないことをした時ですね。

山口 スポーツといっても小学生のスポーツからトップレベルのスポーツまで非常に幅広く、目的についても、健康や体力づくりを目的としたスポーツ、幼少期の導入としてのスポーツ、中学校・高等学校での教育としてのスポーツ、競技スポーツもありますね。スポーツと体罰ということを考える時に、そのあたりを整理して語らないとなかなか結論が出てこないのでは、というのが一つ。

　もう一つは体罰と暴力の違い、そしてスポーツと体育の違いですね。日本では長い歴史の中でスポーツと体育の棲み分けがなされていないために、指導者がスポーツと体育、それぞれの価値観や目的意

識と、受ける側のそれらがずれている可能性があって、私はそのあたりが体罰問題を含む一連の事件の原因になっているような気がします。まず前提を揃えることが大事だと思います。

　スポーツということで言うならば、どのレベルの競技であっても、負けたこと、あるいはできなかったことに対しての「罰」は必要ないと思っています。「罰」というのは何か悪いことをした時に与えるもので、負けて悪いということはない。何かを達成させていく過程でできないから罰を与える、という発想自体がスポーツの中にあってはいけないと思います。スポーツは自発的な欲求に基づいて行うもの、罰してもらわなければできないということは、スポーツにはもともとない発想です。けれども、そのことを指導者もスポーツをしている子どもたちや選手たちもよく理解していないように思います。指導者の方々がまずスポーツの成り立ちや意味や価値についての共通理解を深めていくところからスタートしていかなければ、問題はなくならないでしょうね。

山本　なぜ体罰や暴力がなくならないのか、要因はいくつもありますけど、一つは過程を大事にするのか、結果を大事にするのか、その違いかと思います。本来は過程が大事、過程が面白い、過程に魅力があってその延長上に結果がついてくるのがスポーツのはずですが、現実は最後の結果の部分だけを取り上げて論評されることが少なくないわけです。結果だけが指導者や選手、チームの評価の対象になる、そういう社会の仕組みになってしまっていると思うんですね。

　ではなぜ結果を出すために暴力的な指導や体罰的な対応が出てくるのか。原因の一つは、指導者の側がものすごく軍隊的な発想を持っていることでしょう。つまり、指揮命令系統の一貫性、命じたことをパーフェクトに完遂する能力、そして自分の意見を差し挟まないで、一糸乱れぬ予め選定した戦術、戦略に従って進んでいくべし、その結果が勝ち敗けだ、という考え方です。だから、ちょっとした気の緩みがあったりすると、何をやっているんだということになるわけです。

　もともと、スポーツが遊びの延長上に広がっていったことを考えれば、気の緩みもミスも含めて起こることですし、それを許容する人もいるはずです。ところが勝ち敗けに向かって全精力を注いでいるような指導者にとっては、行動のひとつひとつに気の緩みなどはもってのほか。そんな気配が見えただけで、そこは徹底的に矯正すべしとなるのでしょう。

　それから、勝つ・負けるは生きる・死ぬに等しいという感覚。これは文化的にも相当深くあるんですよ。戦前の全国中等学校野球大会から始まって、様々なスポーツが1回きりの勝負で行われてきたわけですね。3年間しか出るチャンスがない、ほとんどは3年生になってからしか出るチャンスがない、そこで勝つ・負けるというのは本当に大変なことで、そのために、過程を大事にするとか言っている場合ではなかったという歴史があると思います。

菅原　山本さんはNHKのアナウンサー時代からスポーツ報道の仕事をずっとされていますね。スポー

ツ指導者が暴力を振るっている場面というのはご覧になったことがありますか。例えば相撲とか。

山本 竹刀で弟子をバシバシ叩いているのは知っていました。それから昔、高校女子バスケットボールの試合を放送していた時に、生中継であるにもかかわらず、カメラの前に立った2年生の選手を指導者の先生がげんこつで殴り倒したことがあるんです。1970年代の終わり頃で、それでも何のクレームも批判も来ないような時代でした。その選手は倒れた後、起き上がって「ありがとうございました」って言っていましたよ。

菅原 山口さんは13歳の時から柔道選手だったわけですが、子どもの頃も含めて体罰なり暴力なりを受けたことは？

山口 基本的に柔道はそれ自体が暴力的な行為です。「相手と礼をしないでやれば、ただのけんか。ルールの中で相手を尊び、互いに成長するのが柔道」だと教わりました。厳しい稽古では、強く投げられたことも多々ありますが、ルールからはみ出るようなことをされたことはありません。

■暴力の多い現実を同じ指導者としてどう受け止めるか

菅原 本書では最近の体罰に関する報道事例を分析していますが、今年1月から3月にかけて、新聞等で報道された事例について競技別に統計をとってみますと、野球、バスケットボール、バレーボール、柔道の順なんですね。バレーボールが多いというのが感覚的によく分からないのですが、吉川さんいかがですか？

吉川 正直言って、バレーボールがなぜ3番目なのかは分からなくて、非常に残念です。指導者が上から目線で選手や生徒を押さえつけているからなんでしょうか。あとは、バレーボールではやはり、東京オリンピックで金メダルをとった全日本女子チームの「大松監督の厳しい練習」のイメージが強烈に残っていて、その「厳しい練習」について間違った解釈をし、暴力的な指導へ変えてしまった可能性はありますね。

山本 「鬼の大松」と言われましたけれども、彼は選手に手を上げたことはないんですよね。他に影響があるとしたら『アタックNo.1』や『巨人の星』のようないわゆるスポ根漫画でしょうか。ド根性ものは多くの人のシンパシーを集めてきましたし、大リーグボール養成ギプスなんて実際にやったら大変なことになるはずなのに、未だにノスタルジーを感じる人が少なくない。漫画の世界で行われていることが現実にも起こり得て、なおかつ、ひょっとしたらその指導法がいいのかもしれない、底流に愛があれば許されるというイメージが今でもどこかの隅に残っているのかもしれませんね。

山口 柔道が１番じゃないのが意外な気がします。先ほど言ったように柔道自体が暴力に近いので。例えばバレーボールやバスケットボールで蹴ると暴力になりますけれど、柔道は練習の中で技術として相手を蹴りますから。柔道の指導者が練習の中で強く投げるとか、厳しい練習をするということは、とらえ方によっては暴力ととらえることもできます。絞め技や関節をとる技、これはルール上、許されています。でも、絞めて「参った」をしたら当然離すんですね。離さなければルール上、警告を受けたり反則をとられたりします。でも練習の中では、指導者や先輩たちが離さないで「落とす」＊ことは厳しい稽古として比較的平気で行われてきたんですね。暴力に対するハードルが低いと思います。

＊「落ちる」とは頸動脈を圧迫され、一時的に脳が酸欠状態となり失神すること。日本では「活法」という蘇生術があるが、海外などでは仰向けに寝かせて両足を持ち上げて蘇生させるのが一般的。

吉川 ジュニアの子どもたちのスカウトもしてきましたが、私から見ても厳しいなと思うほど怒られながら指導されていた子どもも確かにいました。そしてその子たちの中で中学、高校でバレーボールから離れていく例は多いです。例えば、現場での厳しい練習に加えて、家庭内でも一番の応援者であるはずの親御さんからも、うまくプレーできてないじゃないかと厳しく言われて、子どもは耐え切れなくてやめてしまうんです。やらされてきたという生い立ちの子と、できる喜びや勝つ喜びを味わってきた、自分自身で何か目標を持ってやってきた子は違いますね。やらされてきた子は挫折するか、挫折はしないが周囲の者から尊敬される一流の選手にはなっていないような気がします。

菅原 山口さんは大学で学生を指導されていますが、学生たちの育った環境が選手の性格に影響を与えていることはありますか？

山口 高校時代まで暴力的な指導を受けてきた学生の中には、言われなければやらないケースも見られます。殴られてきた学生は、「どうしてここでは殴ってくれないんだろう、不思議だなあ、練習しなくていいのか」そういう中で１、２年を過ごし、どんどん抜かされていくんです。ある程度のところで、まわりを見て、殴られなくても自発的に練習している学生ばかりだと気付く子は気付きます。気付かない子は気付かない。

　社会に出たら目の前に金メダルがぶら下がっているわけではなくて、自分で目標を設定し、自分を律してやっていくしかない。金メダルをとったからといって、その後の人生を誰がコーチしてくれるのか、親御さんも指導者もぜひそこまで考えて頂きたいと思います。それから、どういう指導をされた子たちが最終的にいい成績を出しているのかということも、検証していく必要があると思います。

菅原 ここまでお話をうかがっていて、日本ではスポーツの世界から完全に暴力をなくすというのはどうも難しいような気がしてしょうがないのですが。

山本 言葉で説明する能力がない指導者、あるいは言葉で説明されてきた経験が少ない選手が一緒

になった場合には、暴力的な指導法が効果があるように見えてしまうと思うんです。しかも周囲がそれを容認する。それに、子どものうちから暴力的な指導を受けている子どもは、暴力的な指導に対する耐性が強いんですよ。選手の中には、親御さんも元々競技スポーツ選手だったという例がときどき見られます。中には、自分自身現役の時に叩かれるような指導を受けてきた人もあるでしょう。「これは躾であり教育であり、夢を賭けているんだ。お前も頑張れ」と言われ続けて、いつしか暴力的指導に対して耐性を身につけてしまう。そうして育った選手が、目立った成績を上げるとなると、周辺にいる者たちも連鎖的にそれでよしとなる可能性が生まれてきます。

■勝利至上主義と暴力

菅原 スポーツの現場で暴力がなぜ生じるかということを議論する時に、指導者側の勝利至上主義を指摘する意見もよく見られますが、この点についてはどのようにお考えですか？

吉川 単純なことだと思います。できないから負ける、負けるから腹を立てて暴力を振るう。違うんですけれどね。できなかったら反省するのはまず指導者側、私はそう思います。

山口 メダルをとるために暴力を振るうというより、暴力的な指導に勝利が結びついた時に、暴力がエクスキューズされるのは間違いないです。指導者だけではなく選手もそうですね。殴られたからできた、厳しくされたから私は一線を越えられたと思ってしまう。結果がよければ今までの指導のあり方を肯定し、それに頼りたくなる。しかし、殴ればみんながメダルをとれるのか、ということですね。殴ってもいいからうちの子を強くして下さいという親御さんもたくさんいると思います。気持ちは分かりますが殴ったって蹴ったって、強くならないことの方が多い。そこを考えて頂きたいです。もっと言えば、暴力的な指導がよいのなら、日本はもっと金メダルをとれているはずですよ。そうではないわけですから。

山本 勝利至上主義というのはスポーツに限らずどの世界にもあることで、むしろ勝利評価主義の方が問題だと思います。結果だけ見て、途中経過がどうであったかについては関心をもたないという。例えば、暴力的指導でならす部活の部長に校長先生がなったとして、その部長たる校長先生が毎日練習につきあうことがあったとすると、恐らく暴力的指導は変わるんじゃないでしょうか。指導の過程はとばして、結果だけが指導者の評価の対象であるという現実がある。指導者にももちろん大きな責任がありますが、指導者を評価する際に勝利評価主義となるという大きなバックグラウンドの問題がありそうな気がするんですね。

　メディアもなかなか大変なんですよ、限られた紙面で途中経過を全部書くのか、それでは誰も読んでくれない、結果しか書く場所がない、そういう仕組みになっていますよね。この辺りの仕組みをどの

ようにして少しでも矯正できるのか、考えなければならない時代に来ていると思います。

菅原 柔道の創始者、嘉納治五郎の精力善用・自他共栄という理念が100年以上を経て脈々と受け継がれているはずなのに、そこからどんどん乖離してきているのではないか、という指摘もありますね。

山口 嘉納治五郎師範は教育者でもありましたし、非常に高い精神性を持って柔道を創始されましたが、その目的において「強くなれ」とは一言も言ってないんですね。ただ、伝統といわれるものは少なからずご指摘のような危険性を持っていると思います。創始者が残された理念が伝わっていく過程で、伝える者の主観や価値観が少しずつ加わり、脚色されていって、100年経った時には全く違うものになっていたということが、少なからず存在すると思います。

　柔道で言いますと、先ほど結果主義というお話がありましたが、柔道がオリンピック競技に加わったのは東京オリンピック（1964年）の時です。東京でオリンピックを開催する時に絶対に勝たなければいけない競技が必要だった、だから最も金メダルに近い柔道が種目に加わったのだと思います。詳しい事実関係は分かりませんが、タイミング的にはそうだったと思います。そして4階級中3階級で金メダルをとった。私はその瞬間から、柔道界の意識が嘉納治五郎の精神から離れて、オリンピックで勝たなければいけないという方向にずれていってしまったような気がしています。

■子どもをとりまくスポーツ環境

菅原 桜宮高校事件の背景を考えた時、一般的にスポーツが自分の進学や就職にとってメリットがあって、自分の将来のために体罰を我慢することもあるでしょうか？

山口 指導者の方針ややり方、目標に合わないからクラブを辞めるとすると、そのスポーツそのものをあきらめるということを意味します。スポーツを行う時に、指導者を選ぶ権利があってしかるべきですが、現状では選択肢はほとんどありません。ヨーロッパの場合にはクラブスポーツが中心で、自分の目的に合ったスポーツを指導してくれる指導者や環境を選び、お金も払います。日本はやる側が選ぶスポーツ環境が非常に脆弱ですね。

　子どもたちが本当の意味でスポーツを楽しむ環境にあるのか、やる気をもって自分がやりたいようなところでできるかといったら、非常に難しいと思います。運動部が強い学校では、楽しくやりたい人は受け入れてもらえないし、その競技を楽しくできる環境はない。例えばサッカーや野球で部員が100人を超えるような運動部があって、その中で何人が試合に出られるのか。3年間ベンチにも入れない子どもがいるのに、それに対するケアをせずに規律だけ守れ、毎日一生懸命練習しろ、厳しい練習に耐

えたら先が見えるって、見えませんよ。部活動が教育の一環であるというのであれば、競技レベルが低くてもやりたいと思う子たちにも対応できるようなシステムがあってもいいと思うんですよね。スポーツ基本法でスポーツを権利と謳っても現実にはまだまだそこまで行われていないような気がしますね。大学のサークル同好会にはたくさんの学生が参加しており、それぞれの目的でスポーツを謳歌していますが、こういったことが中学生や高校生でも実現できれば、もっともっとスポーツの幅が広がるんじゃないかと思うんですよ。

山本 日本の場合は情報開示が非常に遅れています。この先生はどういう指導をして、どのような選手を作り、その選手たちにどういう声を残してきたかという情報は出てこないんですね。それから、指導の時に、子どもに今日のトレーニングはこういう意味があるから、こうしようっていう指導者はまだまだ少ないですよね。ヨーロッパでは、8歳から9歳ぐらいの子では、10分間練習をして5分間会話をする、その5分間は子どもに質問をさせて指導者からは言わない、そういうやり方を指導者たちが当たり前のようにしています。日本の指導者は、最近はずいぶん変わってきていますが、どちらかというと我慢できる方が立派、黙ってやる方がいい子、そういう教え方をするでしょう。家庭でも同じじゃないでしょうか。ぐずぐず言わずに黙ってやれとか。

菅原 外国と異なり学校スポーツという日本の特殊性がどうしても出てしまいますね。体育会系出身だと企業にも就職しやすいとか、そういう社会になっていますし。

山本 体育会系には大学からお金が出るが、サークルには出ないところも少なくない。どこかに「サークルって遊びでしょ」という意識があるんですよ。体育会系は真剣にやっている。しかも体育会系の成績は大学の名声を上げるのに貢献するという考え方があると思うんですね。その期待に応えるためには真剣に、あるときは叩いてでも強くならないと、お金も出てこなくなりかねないし評価もされない。

■法律家はスポーツにどのように関われるか

菅原 この間、体罰問題が起きてからマスコミでは様々な特集が組まれています。中学校や高等学校で体罰があったらすぐにニュースになりますよね。それは今の時代ではスポーツ体罰に焦点をあてないといけないという世論の声から来るのでしょうか？

山本 メディアは、公器として社会的な正義や法律に基づいて、世の中をあるべき方向に導くための情報を提供する機関であると同時に、ある時は視聴者や読者が知りたがっていることに答えようとします。自らは社員やジャーナリストを養っていかなければいけない企業でもあるわけですから、その辺りの折り合いをつけなければなりません。視聴者や読者の興味をあおるような書き方をするメディアがあ

るのも事実です。が、なぜマスメディアでスポーツの体罰問題がこれだけ取り上げられるのか、今、世の中では権利に対する意識が非常に強いにもかかわらず、スポーツ界では権利意識の高まりから遅れているからだと思うんですよ。特に大きな競技団体が選手の権利ということをあまり考えない。

　例えば、競技団体の選手選考規定の中で、選手に権利があるということを明記している団体はそれほどないんですよ。それは、選手には主張する権利があるといって、権利だけで主張されてしまうと混乱してしまうから。権利の主張への対応策がまだ日本のスポーツ界では整えられていないと思うんです。同時に、権利を主張する側も、他を尊重するということに対して目が行き届いてないんですね。仲間や指導者、後進の者を尊重する、我々が本来社会の中で持たなければならない感覚がスポーツ界全体で未成熟であったりする。メディアとしてはそのバランスの悪さをみんなに考えてほしいから取り上げるのではないかと思います。

菅原　私にはいつも法律家としてスポーツ界に何ができるのかという素朴な疑問があります。最初にスポーツ法に関与した時に、法律とルールは別だ、スポーツに弁護士なんかいらない、そもそも権利なんかいらないという本音を聞かされた時代もありました。

山本　法律の世界で一体何ができるのか、法律家と指導者がどのようなコラボレーションをできるのか、法律家たちがスポーツの組織に対してどういう働きかけができるのか、これも問われる時代になっているんでしょうね。

山口　日本にもスポーツ仲裁機構はありますが、選手たちが何かを訴えたいと思った時、訴えられる場が現場の近くにないんですね。いつも泣き寝入り。組織も指導者も、選手が本当にこの指導法で納得しているのかというところまで思いがいかないんです。女子柔道ナショナルチーム15人の選手がJOC（日本オリンピック委員会）に告発した時も対応の動きは鈍く、訴えがなかなか通じなかったようです。動いたのは、最終的に弁護士さんに間に入っていただいたからで、いくら選手たちが直に連盟に訴えても動かなかったと思います。現場で選手たちが何かを思った時、理不尽に感じた時にそれを主張できる、例えばアスリート委員会でもいいんですけれど、暴力だけではなくセクハラの問題も出ている現状で、スポーツ界もそういう機関が必要な時期になっている。権利ばかり主張されたら困るという声もありますけれど、日本はアメリカのように何でもかんでも訴えるというところまではいかなくて、やはり自重する気持ちもあると思うんです。今回訴えた選手たちでも、やってよかったと思っている選手よりも、やってよかったんだろうか？と思っている選手たちの方が多いんですよ。

吉川　選手にとって相談相手になるのは指導者や親御さんなど身近な人たちですね。ただ、今日は暴力や体罰の話ですけれども、パワハラやセクハラ、色々な問題が出てきている中で、そういうことを相談できる場所は現実にはないと思います。柔道の15人の選手たちが勇気を持って弁護士さんに相談したように、今後は法律家の方々の力が必要だと思います。今まで選手たちを守るのは、一番身近な指

導者だったのかもしれない、その指導者が問題になっているだけに、第三者の目で相談に乗ってくれてジャッジをするプロフェッショナルが必要ですね。

山口 柔道界は選手も指導者も組織もすごく大きな問題を抱えているので、法律の専門家を置いて勉強をする、そういう意識を連盟や組織が持つことが必要な時代になったなと。

山本 今、柔道と相撲には、選手の研修がありますよね。法律についても同じように研修をした方がいいと思いますよ。組織だけではなくて個人まで行った方が。

山口 両者に教育していくことは、ルールを作る以上に努力してほしいと思いますね。

■暴力に頼らない指導とは

菅原 本書のサブタイトルである「暴力に頼らない指導」に関連して、体罰や暴力はよくない、ではどういう指導がいいのかという話に移っていきたいと思います。吉川さん、山口さん、ご自身の指導経験を踏まえてお考えを聞かせてください。

吉川 私は選手、コーチ時代に色々なタイプの監督の下でやってきましたが、心底というか、根のかなり深いところでバレーボールが好きでいなければ続けていなかったと思っています。スポーツを通じて指導者が本当に伝えるべきことは何なのか、本当にそのスポーツが好きで、スポーツをする喜びを感じるということが一番大事なんでしょうね。そして、監督の立場に立って、最終的に行き着いたのは、自分をそのままさらけ出して、選手と同じ目線で考え、動いていましたので、どちらかというと監督というよりコーチのようだったように思います。選手ができた喜びを味わえるように、選手が常に欲するような形で指導するのが重要なことだと思っています。指導は常に真剣勝負ですが、その中で笑いもあり、一緒に悔しがったり、自分の素を出しながら喜怒哀楽を選手とともにするという感じですね。僕自身が大事にしているのは、今、勝つか負けるかではなくて、10年経ち20年経った時にスポーツをやっていたことが何らかの形で役に立ってほしい、ということですね。僕の場合は女性を教えていますから、この子たち、いいお母さんになってほしい、と思いながら指導しているんですが。

山口 指導者になりたての頃には、正直言って、私が強くしてやるんだと思っていました。自分も強かったですし。でも、なかなかうまくいかなかったですね。「私はこうやってきた」「私はできた」というのでは誰もついてこない。それで、自分がどうして強くなったのか振り返ってみました。その時、女子柔道は当時指導者に恵まれていなくて、誰も構ってくれない。それこそやらされるのではない中で自分は強くなってきたんだと思ったんです。やはり、選手がやる気にならなければ。やるのは私ではなくて選手なんだと。

特に柔道の場合には1対1の勝負ですので、監督やコーチがというよりは、そこに立っている選手自身がどうしたいのか、どうするのかっていうところが一番重要なんですね。

スポーツって、生きていくうえでどうしても必要なことかというと、違うと思うんですね。やりたいと思う子がやるべきもので、やりたくない子を無理矢理引っ張ってきて何とかやってもらおうって、そこに指導者がエネルギーをかけるよりは、やりたい子たちだけを集めて、うんと頑張りたいという子に対して、じゃあどうしたらもっとこの子はうまくなれるだろうか、どうしたら分かってもらえるだろうかっていうところに力を入れた方がいいと思うんですよ。子どもに色々な経験をさせることは大事だけれども、ある程度の年齢になって高いレベルに進んでいく時には、やりたい子、やる気のある子が残っていくという形がいいのではないかと。

ただ、だからこそ小さい時のスポーツの経験は大事ですね。オリンピックのメダリストを育てたのは、最後の仕上げをしたコーチや監督ではない。マラソンの金メダリストの高橋尚子さんに最初に走ることを教えたのは誰なのか、子ども時代に楽しい走りを教えたのは誰なのか、柔道だってそうですね。小学校時代の道場の先生の名前が出てくる。ナショナルチームでは最後に表面を磨くことはできるけれども、中をいじろうなんておこがましいことはできないです。いじろうとするから傷ついちゃったり、潰れちゃったりするんですね。まず楽しさを教えた先生の方が価値があるということが、もっと社会的にも評価されると、結果主義ではなくなる可能性も秘めているのではないかと思います。

菅原 山本さんはマスコミ出身の立場から見て、どのように考えますか？

山本 これほどスポーツの存在が世界中で重くなった理由の多くはメディアの影響なんですね。スタジアムや体育館というのはせいぜい入った所で10万人を超えないですよね。それに対して映像を中心としたメディアによって、世界中で同時に一つのスポーツを共有できる時代になった。だからこそ結果ばかりが過剰に評価されることのないようなシステムを作っていかなければ、と思います。

戦前、アメリカのMLBで野球選手をしていて、その後、指導者に転じたカール・ラングレンという野球の指導者がいるんですね。その人の『野球』という本が1932年に初めて日本語に訳され、その後、1948年にも訳されて、当時の多くの野球指導者がこの本を読んだと思われます。この本の巻頭言には次のようなことが書いてあります。

「プレーをする心構え、全てのプレーヤーにとって基本的に重要な事柄の一つ、それは和やかな気分でプレーをやるということである。プレーヤーに和やかな気分でやることを教える方法として次のものがある。①彼らにそのことを話して聞かせること、②彼らが自分から進んでそのような気持を持つように教えること、それには彼らを駆り立てたり叱り飛ばしたりしないで、励ますようなやり方でしかも心安く導くべきである、というのはプレーヤーはいつも冷静で自信に満ち、また落ち着いていなければなら

ないからである。そして最後にプレーヤーに自分から進んで指導者に近づいていきたいという気持をもたせること」

　この本は当時数少ない野球の指導書だったんですね。心ある人たちは多分そういったものを大事にされてきたんじゃないかと思うんです。さてそれでは現在、高野連（日本高等学校野球連盟）の懲罰問題は一体どうなっているのか、ですよね。

■スポーツの未来

菅原　最後に、スポーツの未来について。皆様から読者の方々に様々なヒントをお話し頂ければと思います。今、スポーツ界の体罰や暴力が問題になっていますが、東日本大震災のあと、女子サッカーのなでしこジャパンがワールドカップで優勝して、日本中が非常に湧き、国民の意識を一つにするのにスポーツはかなりの力を発揮しました。一方で、そもそも身体を動かすことの楽しさがスポーツの楽しみであって、別に勝つことが目的ではないという人たちも多い。これから次の100年ぐらいを見越して、スポーツがどういう役割を果たしていけるものなのか、スポーツは何を目標にしていったらいいのか、それぞれお聞きしたいのですが。

山本　スポーツは楽しいっていう人はもちろんたくさんいますが、吉川さんや山口さんも仰っていたように、スポーツをさせるのが楽しい、つまり指導者の中にも喜びがあるんですね。教えていて子どもができた喜びとか、あるいは昨日まではできなかったはずなのに、今日はできた、よかったなと思える楽しさがあると思います。

　見る楽しみも当然、あります。そこで何が大事かというと、目の前にいる選手が見ている自分と気持ちがつながっているかどうか、ということなんですよ。ナショナルチームだからつながっているわけでも、日の丸・君が代でつながっているわけでもない、自分のシンパシー、自分の気持ち、自分の生い立ちやバックグラウンド、自分の友だち、そういったものと重なり合うかどうか。そこにベースがある。お金を払って見てパッと帰って、次の別の競技に行ってしまう人はそれほど多くないと思います。見ている人がこれは俺のチームだと思う、そうなった時にそれをサポーターと呼ぶし、バレーボールや柔道、他の種目でも、そういう人たちを必要としていると思います。

菅原　バレーはどうですか？　俺のバレー。

吉川　俺のバレー、すごく反応してしまいますね（笑）。監督をふくめて20年近く指導者をしていましたが、20年前の選手、10年前の選手、何かあった時には集まってくれるんですよね。もうバレーはしてな

いけれども、思い出話は尽きない。仲間と目標や価値観を共有できる、これはすごい財産になると思います。スポーツを通じて色々な仲間と共有ができて、なおかつ自分の意思で自分の未来を切り開くことができる、そういうスポーツであってほしいというのが私の希望です。

菅原 山口さん、柔道は個人スポーツですけれども、いかがですか?

山口 仲間との共有、それこそ嘉納治五郎が残された「自他共栄」です。スポーツの一つの価値は、一人では強くなれないというメッセージを伝えてくれることだと思います。監督や選手個人にどんなに能力があっても金メダルはとれない。チームやサポートチームが結集して何かを生み出すというメッセージを非常に分かりやすく人々に伝えていけるものですね。

また、テクノロジーが進んで、どんどん人工的なものが私たちの身の回りに増えていって、そうしたものに頼らざるを得ない社会になっていけばいくほど、人間がすることに対しての価値は大切になってくると思います。人間が100メートルで10秒を切って走れる、そうした人間の可能性を見せてくれることに対する私たちのワクワク感というものは尽きないんじゃないでしょうか。

一方で、私は柔道だから特に思うのですが、日本だけが勝つ時代も終わった。今やヨーロッパが絶対的な力を誇ったフェンシングで日本がメダルをとる時代なんですね。どこの国だから強いとか、王国と言われる時代は終わって、どこの国の選手であろうと、どのチームであろうと、強化の方法や方向を間違えなければ、強い選手を育てることができる。

結果を出したチームというのは、それを守ろう、また勝たなければならないと必死になるわけです。コーチのプレッシャーってすごいと思うんです。でもだからといって暴力に頼っても長続きはしない、世界のスポーツはそれを見せてくれているんですね。そのためには指導者やチーム、国全体が進化していかなければならないと思います。

菅原 本日はありがとうございました。

第Ⅱ部

論 文

The Paper About A Sport

スポーツでの暴力をなくすための競技団体の課題

虎ノ門協同法律事務所
望月 浩一郎

望月 浩一郎（もちづき こういちろう）●プロフィール
　弁護士（東京弁護士会、1984年登録）、ジュニアスポーツ法律アドバイザー（日本体育協会スポーツ少年団）、日本学生野球協会審査室委員、文部科学省：運動部活動の在り方に関する調査研究会議副座長（2013年）、スポーツ界における暴力根絶に向けた宣言文作成委員会委員（日本体育協会など5団体、2013年）。

[スポーツにおける暴力の実態]

　桜宮高校バスケットボール部の部員が体罰を受けた後に自殺した事件と柔道女子日本代表監督の暴力に対して選手が告発をした事件に端を発して、次々とスポーツ界における暴力が明るみに出た。
　日本オリンピック委員会（JOC）は、2013年2月、夏季冬季五輪加盟競技31団体の強化責任者からの聞き取り調査を実施し、2013年2月9日、「すべての団体から暴力、パワハラ、セクハラは一切ないと回答を得た」と発表し[*1]、暴力は日本のスポーツ界の一部の問題であるとした。しかし、その後、JOCの日本代表候補選手らへのアンケート調査で、「トップ選手の11％に『暴力やセクハラ体験』」[*2]があるとの事実が判明した。競技団体が、指導者の暴力を把握していない現実とスポーツにおける暴力の根が深いことが明らかとなった。
　一方、文部科学省は、2013年4月、2012年4月〜2013年1月の全国の小・中・高・特別支援学校での体罰実態調査の結果を明らかにした[*3]。752校で体罰があり、その中で運動場・体育館での体罰事例が287件（34.2％）あった。学校での体育・運動部活動中の暴力の全容解明とは言い難いが、文部科学省の調査範囲でも体育・運動部活動中の暴力が深刻であることが判明した。本書の「運動部活動の指導における体罰に関する報道事例の分析」は、報道事案からスポーツにおける暴力の実態を解明しようとした取り組みであるが、ここでもスポーツにおける暴力が根深いことを示している。

▶暴力と体罰

　スポーツにおける暴力を全て「体罰」として報道される例が目につくが、正確ではない。
　「体罰」は学校教育法上の概念である。「校長及び教員は、教育上必要があると認めるときは、文部科学大臣の定めるところにより、児童、生徒及び学生に懲戒を加えることができる。ただし、体罰を加えることはできない」（学校教育法第11条）と定められている。教員でないスポーツ指導者にはそもそも懲戒権が与えられておらず、同人が、選手を殴ったり、蹴ったりする行為を「体罰」と評価する余地はなく、単なる暴力の行使でしかない。教員であっても教育活動外でのスポーツでの殴る蹴るの行為も「体罰」ではなく、単なる「暴力」でしかない。教育としてのスポーツであっても懲戒の場面でない、指導上の暴力も同様である。

▶スポーツでは暴力は許されているのか

　法律は、「暴行を加えた者が人を傷害するに至らなかったときは、2年以下の懲役若しくは30万円以下の罰金又は拘留若しくは科料に処する」（暴行罪、刑法208条）、「人の身体を傷害した者は、15年以下の懲役又は50万円以下の罰金に処する」（傷害罪、刑法204条）、「故意又は過失によって他人の権利又は法律上保護される利益を侵害した者は、これによって生じた損害を賠償する責任を負う」（民法709条）と定めている。スポーツにおける暴力・体罰は、刑事上も民事上も違法とされていることは明確である。
　スポーツの場であっても暴力は禁じられているということは、明確であるにもかかわらず、一方で、スポーツの場での暴力が蔓延している現実が存在する。
　スポーツの場での暴力をなくすために、スポーツ団体として何をすべきなのかを提言するのが、本書で私に与えられた課題である。高校野球において暴力を根絶させるためにたたかってきた日本高等学

校野球連盟の取り組みを紹介しながら、スポーツ団体に求められる課題について提言する。

▶指導者の暴力の4パターン

日本高等学校野球連盟の指導者の暴力事件を中心に、これまでに報道されている暴力事件を類型化すると4つのパターンに大別できる。この4つのパターンの中で、「感情爆発型」と「暴力好き型」が誤っていることは、比較的合意が得やすい。

「確信犯型」は積極的に暴力を有効な指導方法と考え、「指導方法わからず型」も消極的にではあるが暴力を有効な指導方法の1つとしている点で共通点がある。この2つのパターンは、＜競技力を向上させるために暴力が有効だ＞という考えがベースになっており、スポーツにおいて勝利を目指すことがスポーツの本質的要素の1つである以上、このベースにある＜競技力を向上させるために暴力が有効だ＞という考えを正さない限り、スポーツでの暴力を根絶させるたたかいで勝利を得ることができない。

指導者の暴力の4パターン	
確信犯型	暴力をふるうことを誤りだとは思わず、有益で必要だと信じている。
指導方法わからず型	暴力をふるうことは禁止されていることは理解しているが、暴力に頼る以外の指導方法を知らない。
感情爆発型	暴力をふるうことは禁止されていることは理解しているが、感情のコントロールを失って暴力をふるう。
暴力好き型	自分のウップンばらしやストレス解消のため、暴力をふるい、暴力をふるうことを楽しむ。

「勝利主義」、「競技志向」が暴力の原因か

スポーツにおける暴力が蔓延する原因として、「勝利主義」、「競技志向」を指摘する人が少なくない。スポーツのあり方として「勝利至上主義」、過度の「競技志向」という問題があり、これらが是正されるべきという点については異論はない。

しかし、暴力とのたたかいにおいて、暴力が生じる原因を「勝利主義」、「競技志向」ととらえる立場は、「暴力により勝利を得られる」、すなわち、＜競技力を向上させるために暴力が有効だ＞という暴力肯定論者と同じ誤った立場に立っていることに気が付かなければならない。暴力による強制と服従では、真に競技力の高い強い選手・チームを育てることはできないことを、競技者、指導者そして保護者などのスポーツを支援する人々の全てに理解してもらうことが重要である。

スポーツ一般と学校運動部活動で暴力に差があるのか

運動部活動における暴力をなくすための議論で、運動部活動における暴力の原因を、「学校での運動部活動を教育の一環ととらえる視点が弱いことにある」とする意見、あるいは、この意見と180度反対であるところの「学校においては、スポーツではなく『体育』としてとらえている点で、道徳教育の影響があり、これが、学校での運動部活動の暴力の要因である」という意見もある。

運動部活動の本質を議論するという点では、それぞれの意見の価値を否定するつもりはないが、運動部活動における暴力を根絶するというたたかいの上では、全く不要な議論である。運動部活動は、教育の一環でもあるし、スポーツでもある。教育の原理からも暴力は許されないし、スポーツの原理からも暴力は許されない。暴力を根絶させるたたかいにおいて、運動部活動の性格をスポーツに置くのか、教育に置くのかという議論は、無益なだけでなく、議論を混乱させる意味で有害である。

▶暴力を支持する広範な人々の存在

　桜宮高校や全日本柔道連盟の事件に注目が集まる以前からもスポーツにおける暴力のたたかいはなかったわけではないが、大きなうねりにはならなかった。その理由は、スポーツにおける暴力を肯定する人々が多数派であるという点にあった。

　元プロ野球選手の桑田真澄氏が、プロ野球選手と東京六大学の野球部員の計約550人へのアンケートで、指導者や先輩からの暴力を受けた体験についての回答は下表のとおりである。さらに、「体罰は必要」、「ときとして必要」との回答は83％と圧倒的多数であるのが現実である[*4]。

　市民を対象としたアンケートでは、「体罰を『一切認めるべきでない』との回答が53％と半数を超えたが、『一定の範囲で認めてもよい』との一部容認派も42％を占めている。男女別にみると、男性の『認めてもよい』は54％で、『認めるべきでない』（43％）を上回った。（中略）年代別では20代と30代で『認めてもよい』が、『認めるべきでない』より多かった」[*5] と報じられている。

桑田氏による2009年のアンケート

	中学	高校
指導者からの暴力を受けた経験	45%	46%
先輩からの暴力を受けた経験	36%	51%

プロ野球選手と東京六大学の野球部員の計約550人

　具体的な声として紹介するならば、「あるとき、気を抜いた練習をとがめられて、ボコボコに殴られた。『殴る監督の目に涙があった。それを見たとき、私はこの監督について行く決心をした』」[*6]、「選手が練習の中で越えられない壁を自分で作ってしまっているのを何とかしたかった。暴力の意識はなかった」（全日本柔道連盟元代表監督）[*7]、「指導の一環だった」（松江市の市立学校空手柔道部外部指導者）[*8]、「生徒の態度が不真面目だった。反省しているが、体罰との認識はなかった」（京都府立網野高校レスリング部顧問）[*9]、「体罰と訴えられた監督がいたとして、専門部の調査により、必要な鉄拳であって本人も保護者も『当然です』と納得しているケースなら、専門部がその監督の正当性をアピールして守ってやる」（高体連レスリング専門部理事長）[*10] というものであり、暴力が競技力向上のために「有益」であるという認識が広範に存在する。

　このように、競技力を向上させるために暴力は必要・有益であるとして、暴力を容認する世論は広範に存在している。スポーツにおける暴力を根絶するためには、指導者に対する啓発活動はもちろんであるが、競技者自身、さらには、その保護者など競技者を支える人々に対する啓発活動が欠かせない。

［スポーツ界は本当に暴力とたたかってきたのか？］

　日本高等学校野球連盟は、一貫して指導者・部員による暴力を許さないとして、厳しい対応をしてきた競技団体である。日本高等学校野球連盟は、2005年、全国高等学校野球選手権大会で57年ぶりの連覇を成し遂げた北海道・駒大苫小牧高校の野球部責任教師が、これまで2度にわたって部員に暴力を加えていたことが判明したことを契機に、改めて、「暴力のない高校野球を目指して」との会長名の文書を発した。ここでは、「自分の考え・思いを相手に伝えるのに、暴力という手法が本当に有効でしょうか。暴力で相手を封じる行為は一般社会でも厳しく戒められています。体育会系の部活動では多少の暴力は許されるとか、以前からあった、などというのは誤った考えであり、長い間引

きずってきたこうした暴力を許す体質を指導者がどう断ち切っていくかが厳しく問われています」と訴えている[*11]。

大学・高校野球の憲章である日本学生野球憲章は、2010年に改正され、「学生野球の基本原理」の一つとして、「一切の暴力を排除」すると宣言している[*12]。

国際競技団体としては、IOCは、オリンピック憲章[*13]において、「IOCの役割は、オリンピック憲章に則り、率先して『オリンピズム』を普及させることにある」とし、そのために、IOCは、「暴力が閉め出されるべく努力すること」を定めている。

日本の統括競技団体である日本体育協会は、2004年、「公益財団法人日本体育協会及び加盟団体における倫理に関するガイドライン」を示し、「暴力行為（直接的暴力、暴言、脅迫、威圧等）を行うことは、厳に禁ずる」と暴力を許容しないことを明示している。

これらの競技団体の規程は、スポーツにおいては暴力が許されるものでないことを宣言しているだけでなく、同時に、スポーツの場に暴力が生じやすいために、常に暴力をなくすためのたたかいが必要であることを示している。

しかしながら、日本の競技団体の中で暴力を明示的に禁止している競技団体は約半数でしかない（下表）。

競技団体の倫理規定		
HPに倫理規定あり（暴力禁止明示）	HPに倫理規定あり（暴力禁止明示せず）	HPに倫理規定掲載なし
全15競技	全4競技	全19競技
陸上、水泳、テニス、バレーボール、体操、ウエイトリフティング、ハンドボール、自転車、卓球、柔道、ライフル、カヌー、アーチェリー、野球（学生）	バスケットボール、セーリング、クレー、ラグビー	サッカー、ボート、ボクシング、レスリング、馬術、フェンシング、ソフトボール、近代五種、バドミントン、野球（社会人）、トライアスロン、ホッケー、ゴルフ、剣道
スケート		スキー、バイアスロン、ボブスレー・リュージュ・スケルトン、カーリング、アイスホッケー

伊東卓（弁護士・日本スポーツ法学会）調査、2013年2月

2011年、スポーツ基本法が成立した。スポーツを権利として認めるという、日本のスポーツの歴史において画期的なできごとであった。スポーツ基本法の立法過程において、日本弁護士連合会は、「スポーツにおける不正、暴力、セクシュアルハラスメント及び薬物乱用等の防止を明記すること」[*14]との意見を明らかにしていたが、スポーツ基本法に暴力を排除する明示的な条項は入れられなかった。

スポーツ基本法は、「スポーツを行う者の心身の健康の保持増進及び安全の確保」[*15]を目的としている以上、暴力を容認するものではないことは明らかである。しかし、暴力を明文でもって否定しなかったことは、スポーツ基本法立法担当者が、スポーツにおける暴力を排除するたたかいが重要であることについての認識が不十分であったことを示している。

桜宮高校バスケットボール部の監督は、「その手紙を見たとき、私が彼自身を死に追いやったと。自分が、本当に何も気付かない、家族の悲しみをきちんと自分自身が分かっていない、愚かさに気付きました」、「何とか手を上げることでいろんなことが変わると思っていましたが、そうではなく、そのことに対して本当に嫌がって気持ちが傷ついていることに気が付きました。私が言う資格はないですが、このようなことが2度と起きてほしくないと思い、（NHKのインタビューに）出させていただき

ました」*16 と語っている。

　高校生の自殺という結果が生じる前に、どうして、学校や教育委員会という教育関係機関、あるいは、大阪バスケットボール協会及び日本バスケットボール協会という競技団体が、桜宮高校バスケットボール部における暴力の実態を把握し、是正させることができなかったのか。

　これまで、教育関係機関も競技団体も、暴力と正面から向き合ってたたかってきていないことが、運動部活動・スポーツ活動において暴力が容認され、指導者の選手に対する暴力、あるいは、上級生の下級生に対する暴力が広範に、かつ、根強く存在している要因となり、今回の悲劇を招いたのである。

[スポーツでの暴力を根絶するための競技団体の課題]

▶暴力を許さない宣言を

　１つ目は、競技団体が「暴力は許さない」との立場を明確にすることである。高校野球では、「学生野球の基本原理」の１つとして「一切の暴力を排除」すると宣言している。「日本体育協会及び加盟団体における倫理に関するガイドライン」では、直接的暴力はもちろん、暴言、脅迫、威圧も厳禁している。

　しかし、半数の競技団体では暴力に対する態度を明確にしていない。それどころか、競技によっては「鉄拳制裁」の一部は認めるべきだと公然とホームページで述べているところもある。

　日本体育協会など５団体 *17 は、2013 年４月、「スポーツ界における暴力行為等根絶に向けた宣言文」を採択した。全ての競技団体が、暴力を許さないとの立場を明確にすることが最初の一歩である。

▶暴力を許さない毅然とした行動

　２つ目は、暴力を許さない毅然とした行動である。高校野球では、指導者の暴力は「あってはならない」が、「起こりうる」という認識で防止策を講じている。高校野球では、指導者や部員の暴力行為などは徹底して調査し、暴力を見逃したり、容認しない。指導者や上級生の暴力が疑われる事案で、加盟校の調査が十分でなければ、日本高野連は、何回でも加盟校に再調査を求める。

　桜宮高校でバスケットボール部監督の暴力問題が大阪市へ情報が寄せられた際に、桜宮高校教員への簡単な事情聴取だけで「問題なし」とした。大阪市のようにずさんな調査で見過ごすことは、高校野球では考えられない。

　高校野球の指導者が、暴力行為で何らかの処分を受けた例は、最近では年 40 件程度ある。高校野球部のある加盟校は約 4000 校であり、年間約 1％の学校の指導者に暴力を理由として何らかの処分が科されている。これだけ、暴力に対する毅然とした対応をしても、高校野球での暴力を根絶するには至っていない事実は、暴力とのたたかいの困難さを示している。

　部員の暴力事件は、指導者の暴力件数の約７倍生じている。野球部員における暴力が広範囲に生じている事実は、小・中学生時代の野球において、暴力を伴う野球を身につけてしまっており、高校野球での取り組みだけで、暴力を根絶させるたたかいに成功を収めることは困難であることを示唆している。

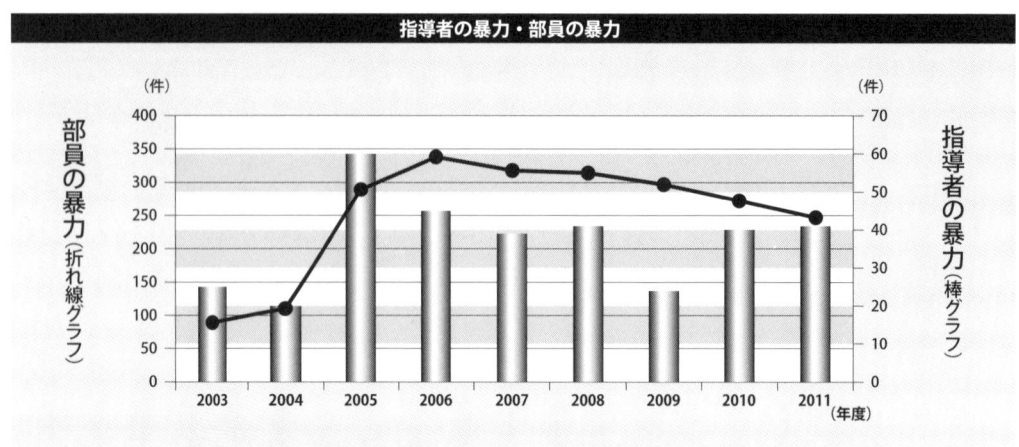

▶暴力に至る原因に応じた対策を

　3つ目は、指導者の暴力のパターンに応じた防止策である。指導者の暴力には4つのパターンがある。高校野球では、指導に暴力が必要だと信じている確信犯型のケースは比較的少なく、暴力はダメだと知っていても、どう指導していいか分からず手を上げてしまうケースが多い。これは、高校野球においては、指導者の暴力が比較的早い段階で芽をつまれているために、深刻化するケースが他の競技に比較して少ないことを示している。

　柔道女子日本代表監督は、「当初は、会話で、コミュニケーションを取りながら行った」が、「焦っていった部分があり、急いで強化しなければいけないという部分がたたくという行為になった」と述べている[18]。当初は、確信犯タイプでなかったのに、暴力が早期に是正されることがなく、「確信犯型」に至ったという経過を示している。初期の段階で暴力を是正することが重要である。

暴力と「水を飲むな」は軍隊の負の遺産

　スポーツにおける「指導者・上級生からの暴力」と「水を飲むな」は、いずれも根は一つである。日露戦争の教訓から、帝国陸軍は、どんなに理不尽な命令であっても必ず従う「強い」兵士とするために、日常的に、理不尽な上官の命令に従う訓練をさせた[19]。上官の私的制裁、初年兵教育もその一環である。「水を飲むな」は、陸軍戸山学校での「無水行軍研究」[20]などの帝国陸軍の「成果」が根である。これらの帝国陸軍の手法が、学校教育に導入され、戦後も残ってしまったのが学校体育における暴力の根である。

　前出の桑田真澄氏が、プロ野球選手と東京6大学の野球部員約550人に行ったアンケートでも、「体罰が必要」「ときとして必要」と答えた人が83％ある。ここを変えていくことが重要課題である。

「選手自身に考えさせる」指導

　暴力はダメだと思ってもどう指導していいか分からず手を上げてしまうケースを是正するには、指導者自身が正しい指導方法を知ることが大事である。日本高野連は、「甲子園塾」を行っている。ここでは、指導者の間で、体罰の是非についても、夜中まで話し合い、子どもたちをどう導くかを相互に話し合っている。指導者の指導力を高める、指導者を対象とした教育的な配慮が必要である。

　優れた指導者は、暴力では選手の競技力を高めることはできない、「選手自身に考えさせる」指導が大事だという声を上げている。桑田真澄氏は、野球で三振した子を殴って叱ると何とかバットにボー

ルを当てようと、スイングが縮こまってしまうので、「タイミングが合ってないよ。他の選手のプレーを見て勉強してごらん」と、前向きの形で指導するのが本当の指導だと言っている。五輪柔道の金メダリスト古賀稔彦氏は日本のトップは「選手みずから考えて柔道する力が足りない、これが世界の強豪との違いだ」と言い、「たたく、体罰からは生まれない」と指摘している。

▶隠ぺいを許さない体制を

　4つ目は、暴力を隠ぺいさせない対策が必要である。日本高野連は加盟校に対して、日本学生野球憲章違反行為はどんなに軽微なケースであっても全て報告を求めている。報告が遅れると、報告の対象の行為自体よりも、報告が遅れたことがより重い処分となることもある。最近でも、指導者の暴力行為について報告が半年遅れたケースでは、暴力に対する処分が謹慎1ヵ月であったが、報告が遅れたことについて謹慎3か月の処分が科されている。このように、隠ぺいを許さないという厳しい対応で、暴力行為が恒常化することを防ごうとしている。

[競技団体としての課題]

　競技団体としてのスポーツにおける暴力を根絶する競技団体のたたかいにおいて重要なこととは、第1に競技団体として暴力を許さない態度を明確にし、第2に競技団体として暴力を許さないとの毅然とした行動をすること、第3に暴力に頼ろうとする指導者への指導方法の啓発活動、第4に暴力を隠ぺいすることを許さない対応である。

　競技団体には、暴力に頼らない、スポーツにおける真の勝利をめざす取り組みが求められている。

---

*1　2013年2月10日　日刊スポーツ他各紙。
*2　2013年3月19日　朝日新聞他各紙。JOCのアスリートなどへのアンケートは、競技団体強化担当者の認識が真実から乖離していた事実を如実に示す結果となった。
*3　2013年4月27日　毎日新聞他各紙
*4　桑田真澄他『野球を学問する』株式会社新潮社、2010年、88～89頁。
*5　2013年2月8日　毎日新聞
*6　浜田昭八、2008年8月15日　日本経済新聞。この記事は、誤った成功体験の紹介である。
*7　2013年2月1日　読売新聞他各紙
*8　2013年1月23日　産経新聞他各紙
*9　2013年2月5日　産経新聞他各紙
*10　日本レスリング協会公式サイト、ニュースの2013年2月9日欄。「高校スポーツ界の体罰問題…中根和広・高体連専門部理事長に聞く」
*11　日本高等学校野球連盟会長の2005年8月27日付「暴力のない高校野球を目指して」
*12　日本学生野球憲章では、学生野球の基本原理の一つとして、「学生野球は、一切の暴力を排除し、いかなる形の差別をも認めない」（第2条第4号）としている。
*13　2011年7月8日発効のオリンピック憲章
*14　日本弁護士連合会「スポーツ基本法の立法に向けての意見書」（2010年8月20日）
*15　スポーツ基本法第2条第4項
*16　2013年3月4日　NHKニュースウオッチ9「桜宮元教諭インタビュー」
*17　公益財団法人日本体育協会、公益財団法人日本オリンピック委員会、公益財団法人日本障害者スポーツ協会、公益財団法人全国高等学校体育連盟、公益財団法人日本中学校体育連盟
*18　2013年2月1日　読売新聞他各紙
*19　城丸彰夫他「スポーツの夜明け」、1974年、新日本出版社。1909年改正歩兵操典
*20　陸軍戸山学校研究部「節水に関する研究行軍実施の概要」（1933年、『体育と武道』第36号）

The Paper About A Sport

運動部活動の指導における体罰に関する報道事例の分析

新四谷法律事務所
伊東 卓

伊東 卓（いとう たかし）●プロフィール
　弁護士（第二東京弁護士会、1988年登録）、日本体育協会「国体参加資格第三者委員会」委員（2010年）、日本オリンピック委員会「第三者特別調査委員会」委員（2012年）、文部科学省・運動部活動の在り方に関する調査研究会委員（2013年）。

[はじめに]

　2013年1月初めに桜宮高校のバスケットボール部主将が自殺した事件が報じられてから、堰を切ったかのように、運動部活動の指導において体罰が行われた事例に関する報道が連日といってよいほど報じられた。自殺という重大な結果を引き起こした桜宮高校の事件に引き続いて、女子柔道ナショナルチームにおける暴力問題が報道され、スポーツにおける暴力問題が社会的に大きな注目を集めたことがその大きな要因であるが、これに加えて、桜宮高校の事件をきっかけに文科省が全国で一斉調査を求め、これに応じて調査を実施した各都道府県の教育委員会が体罰事例を相次いで公表したため、これに伴って体罰事例の大量の報道につながったものと考えられる。しかし、運動部活動の指導における体罰事例が、短期間にこれだけ大量に報じられたことは、記憶にないことである。そこで、本稿では、2013年1月から3月までの3ヵ月間に報じられた運動部活動の指導における体罰に関する記事を集計し、これに対する分析を試みることとした。

[集計した記事と体罰事案のカウントの方法について]

　2013年1月から3月までの間に新聞報道された記事を対象として、運動部活動の指導における体罰に関するものを集計した。「運動部活動の指導における体罰」を取り上げたので、女子柔道のようにナショナルチームに関するもの、部員間の暴力に関するものは含まれていない。
　事案は、運動部単位で集計した。従って、桜宮高校の事案のように連日にわたって記事が掲載されたものについては、記事が複数でも、1つの運動部に関する事案として、1件とカウントした。また、1つの運動部の中で数件の体罰事案が行われた場合も、1件としてカウントした。そして、同じ学校においてであっても、例えば2つの運動部での異なる体罰が指摘されている記事については、2件としてカウントした。また、1つの記事の中で複数の運動部における体罰が報じられている場合は、複数としてカウントとした。

[記事の件数と中学・高校別について]

　集計された件数は、91件である。
　これを中学・高校別でみると、中学が31件、高校が58件、中学高校ともが1件、不明1件であった。【図1】
　報道された事案の約3分の1が中学、約3分の2が高校に関するものということになる。
　高校生は、心身が発育し、厳しい鍛錬にもある程度耐えうる段階に達しつつあるということができる。だから、高校生の運動部活動において、厳し

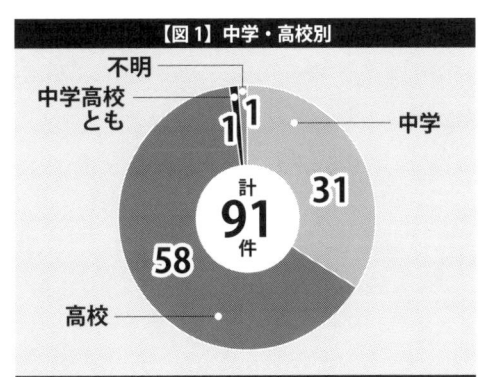

【図1】中学・高校別
不明 1
中学高校とも 1
中学 31
高校 58
計 91 件

い練習が課せられ、その過程で体罰が行われるということは、あってはならないことではあるが、起こりうる事態として想定の範囲内にある。

しかしながら、中学生は、まだ心身の発育が中途で未熟な段階にある。そのような中学生の運動部活動についても、多数の体罰事例が報道されている。このことは、中学生の段階においても、運動部活動では、一部には、勝利という結果を求めて厳しい練習が課されているという実態があることを示すものであり、体罰が、低年齢のうちから行われていることを示すものである。中学生をはじめとする低年齢の段階における体罰が、児童生徒の将来に及ぼす影響の大きさを考えると、このような事態は、深刻に受け止められる必要があると思われる。

［競技別集計について］

体罰事案を競技別に集計したのが、【図2】である。体罰が報じられた事案のうち、競技が判明しているものは18競技に及んでいる。

運動部活動で行われている競技には、球技（野球・サッカー・バスケットボール・バレーボール・ラグビーなど）、格闘技（柔道・剣道・空手・レスリングなど）、計測系競技（陸上・水泳など）、採点系競技（体操など）があるが、そのいずれについても、体罰事例が報じられている。そして、個人競技・集団競技についても、室内競技・屋外競技についても、幅広く各種競技において体罰事例が報じられている。今回の報道事例を見る限りでは、競技特性による傾向は特段うかがわれないといってよい。もっとも、今般の集計においては、スキー・スケートなどの冬季競技については体罰事例の報道はなかった。

【図2】競技別集計

野球	15*
バスケットボール	15
バレーボール	14
柔道	6
剣道	5
卓球	2
サッカー	2
ラグビー	2
ハンドボール	2
陸上	2
空手	1
相撲	1
水球	1
レスリング	1
ソフトテニス	1
バドミントン	1
体操	1
水泳	1
不明	18
計	91

＊このほかに部員間暴力▶3

競技別に見た場合、最も多かったのが、野球とバスケットボールで、それぞれ15件であった。これに次ぐのがバレーボールの14件で、この3競技で約半数を占めている。次いで、多く認められたのは、柔道の6件と剣道の5件である。その他の競技は、1ないし2件となっている。このように、野球、バスケットボール、バレーボールが突出しており、柔道と剣道がこれに準じている。

これらの競技において体罰事例が多く報じられたのはなぜかという点については、現時点ではまだ十分解明できていない。1つの考え方として、それぞれの競技についての運動部の数や競技人口の多さが体罰事例の多さにつながっているということも考えられる。

そこで、中学及び高校における運動部の登録者数及び加盟校数を競技別に見てみると、まず、中学の状況は【図3】【図4】のとおりであり、登録者数が多い競技は、男子で、上から、①軟式野球、

【図3】中体連（登録者数）

	登録者数（男子）			登録者数（女子）			登録者数（男女）	
1	軟式野球	261,527	1	ソフトテニス	196,379	1	ソフトテニス	365,438
2	サッカー	248,980	2	バレーボール	161,427	2	バスケットボール	324,154
3	バスケットボール	177,201	3	バスケットボール	146,953	3	軟式野球	263,413
4	ソフトテニス	169,059	4	陸上競技	92,026	4	サッカー	253,671
5	卓球	145,078	5	卓球	90,874	5	卓球	235,952
6	陸上競技	129,701	6	バドミントン	88,660	6	陸上競技	221,727
7	剣道	62,710	7	ソフトボール	50,449	7	バレーボール	212,066
8	バレーボール	50,639	8	剣道	38,682	8	バドミントン	125,916
9	バドミントン	37,256	9	テニス	19,838	9	剣道	101,392
10	水泳	31,342	10	水泳	17,699	10	ソフトボール	52,711
11	柔道	29,473	11	ハンドボール	11,511	11	水泳	49,041
12	テニス	22,897	12	柔道	8,552	12	テニス	42,735
13	ハンドボール	19,507	13	弓道	6,592	13	柔道	38,025
14	ラグビー	6,813	14	新体操	4,732	14	ハンドボール	31,018
15	弓道	5,854	15	サッカー	4,691	15	弓道	12,446
16	ソフトボール	2,262	16	体操競技	4,595	16	ラグビー	6,976
17	体操競技	1,899	17	軟式野球	1,886	17	体操競技	6,494
18	駅伝	1,691	18	駅伝	986	18	新体操	5,096
19	スキー	1,544	19	スキー	926	19	駅伝	2,677
20	空手	1,473	20	空手	925	20	スキー	2,470
21	相撲	1,110	21	なぎなた	869	21	空手	2,398
22	ホッケー	882	22	ホッケー	661	22	ホッケー	1,543
23	アイスホッケー	535	23	アーチェリー	281	23	相撲	1,124
24	アーチェリー	468	24	スケート	211	24	なぎなた	901
25	新体操	364	25	ラグビー	163	25	アーチェリー	749
26	スケート	172	26	フィギュア	22	26	アイスホッケー	542
27	レスリング	89	27	相撲	14	27	スケート	383
28	なぎなた	32	28	レスリング	8	28	レスリング	97
29	フィギュア	13	29	アイスホッケー	7	29	フィギュア	35
		1,410,571			950,619			2,361,190

【図4】中体連（加盟校数）

	加盟校数（男子）			加盟校数（女子）			加盟校数（男女）	
1	軟式野球	8,886	1	バレーボール	8,409	1	バスケットボール	14,646
2	バスケットボール	7,196	2	バスケットボール	7,450	2	卓球	12,825
3	サッカー	6,954	3	ソフトテニス	7,175	3	陸上競技	12,747
4	卓球	6,857	4	陸上競技	6,306	4	ソフトテニス	12,645
5	陸上競技	6,441	5	卓球	5,968	5	バレーボール	11,448
6	剣道	5,501	6	剣道	5,277	6	剣道	10,778
7	ソフトテニス	5,470	7	バドミントン	3,585	7	軟式野球	9,293
8	柔道	3,225	8	水泳	3,025	8	サッカー	7,649
9	水泳	3,124	9	ソフトボール	2,650	9	水泳	6,149
10	バレーボール	3,039	10	柔道	2,303	10	バドミントン	6,108
11	バドミントン	2,523	11	テニス	1,039	11	柔道	5,528
12	テニス	1,045	12	新体操	793	12	ソフトボール	2,785
13	ハンドボール	701	13	サッカー	695	13	テニス	2,084
14	体操競技	440	14	ハンドボール	598	14	ハンドボール	1,299
15	スキー	367	15	体操競技	571	15	体操競技	1,011
16	空手	360	16	軟式野球	407	16	新体操	851
17	ラグビー	338	17	弓道	317	17	スキー	671
18	弓道	303	18	スキー	304	18	空手	632
19	相撲	271	19	空手	272	19	弓道	620
20	駅伝	235	20	駅伝	228	20	駅伝	463
21	ソフトボール	135	21	スケート	123	21	ラグビー	349
22	スケート	83	22	ホッケー	55	22	相撲	277
23	アイスホッケー	78	23	なぎなた	50	23	スケート	206
24	新体操	58	24	アーチェリー	25	24	ホッケー	111
25	ホッケー	56	25	フィギュア	20	25	アイスホッケー	82
26	アーチェリー	24	26	ラグビー	11	26	なぎなた	61
27	レスリング	13	27	相撲	6	27	アーチェリー	49
28	なぎなた	11	28	レスリング	6	28	フィギュア	31
29	フィギュア	11	29	アイスホッケー	4	29	レスリング	19
		63,745			57,672			121,417

公益財団法人日本中学校体育連盟の平成24年度加盟校調査集計
http://www18.ocn.ne.jp/~njpa/kamei.html による。

②サッカー、③バスケットボール、④ソフトテニス、⑤卓球、女子で、上から、①ソフトテニス、②バレーボール、③バスケットボール、④陸上競技、⑤卓球、男女を合わせると、①ソフトテニス、②バスケットボール、③軟式野球、④サッカー、⑤卓球の順となる。

　また、中学で加盟校数が多い競技は、男子で、上から、①軟式野球、②バスケットボール、③サッカー、④卓球、⑤陸上競技、女子で、上から、①バレーボール、②バスケットボール、③ソフトテニス、④陸上競技、⑤卓球、男女を合わせると、上から、①バスケットボール、②卓球、③陸上競技、④ソフトテニス、⑤バレーボールの順である。

　また、高校の状況は【図5】【図6】のとおりであり、登録者数が多い競技は、男子で、上から、①硬式野球、②サッカー、③バスケットボール、④陸上競技、⑤テニス、女子で、上から、①バスケットボール、②バレーボール、③バドミントン、④陸上競技、⑤テニス、男女を合わせると、上から、①硬式野球、②サッカー、③バスケットボール、④陸上競技、⑤バドミントンの順となる。

　また、高校で加盟校数が多い競技は、男子で、上から、①バスケットボール、②陸上競技、③卓球、④サッカー、⑤硬式野球、女子で、上から、①バレーボール、②バスケットボール、③陸上競技、④バドミントン、⑤卓球、男女を合わせると、上から、①バスケットボール、②陸上競技、③卓球、④バドミントン、⑤バレーボールの順である。

　本件の集計は運動部単位で行っているため、加盟校数との関係を検討すべきこととなるが、中学（男女）でも、高校（男女）でも、加盟校数1位はバスケットボールであり、バレーボールは5位であって、上位に位置している。従って、バスケットボールとバレーボールについては、加盟校数の多さが報道された体罰事例の多さの一因をなしていると考えることはできるが、加盟校数の多い競技だからといって、必ずしも体罰が多く発生しているものではないから、なぜ、バスケットボールやバレーボールに体罰事例が多く報道されたのかを、今後検討する必要があると思われる。

　また、このような観点からすると、男女合わせると必ずしも加盟校数が多くない野球について、バスケットボールと並んで最も多くの体罰事例の報道がされていることも、同様に、検討がなされるべきと思われる。野球が人気スポーツであり、注目されていて報道されやすいという面があるのは確かだが、例えば、同じ人気スポーツでも、野球とサッカーでは、今般報じられた体罰事例は、野球15件に対しサッカー2件となっており、その差は歴然としている。この差がなぜ生じたのかを、より掘り下げて検討することが必要であろう。

　加盟校数との比較で検討した場合、柔道、剣道についての体罰事例の報道が多いことも、注目される。いずれにしても、競技と体罰との関係は、十分には解明できていない。今後の研究が必要と思われる。

［体罰事例が報じられた指導者の性別・年代・担当教科について］

　体罰を行ったとされる指導者のうち、男性が80名、女性が1名、不明が10名であった。【図7】
　報じられた体罰のほとんどは男性指導者によって行われたということになるが、これは、運動部の指導に関わっている者の多くが男性であるということも一因をなしていると考えられる。もっとも、男性が圧倒的に多いことに照らすと、男性指導者のほうが体罰と親和性が高い傾向が認められるといって

【図5】高体連（登録者数）

登録者数（男子）

1	野球（硬式）	168,114
2	サッカー	155,815
3	バスケットボール	89,720
4	陸上競技	68,179
5	テニス	65,605
6	バドミントン	50,371
7	卓球	49,405
8	ソフトテニス	47,497
9	バレーボール	35,905
10	弓道	33,947
11	剣道	30,667
12	ハンドボール	29,065
13	ラグビーフットボール	24,990
14	柔道	20,366
15	水泳（競泳）	19,334
16	野球（軟式）	10,797
17	登山	7,505
18	空手道	6,934
19	ソフトボール	6,408
20	ボート	3,213
21	アーチェリー	3,183
22	ボクシング	2,691
23	体操	2,508
24	レスリング	2,333
25	少林寺拳法	2,029
26	ホッケー	1,965
27	スキー	1,869
28	ウエイトリフティング	1,801
29	自転車競技	1,643
30	フェンシング	1,406
31	水泳（水球）	1,360
32	カヌー	1,080
33	スケート	994
34	相撲	967
35	ヨット	874
36	新体操	520
37	水泳（飛込）	33
		951,093

登録者数（女子）

1	バスケットボール	61,288
2	バレーボール	57,858
3	バドミントン	54,992
4	陸上競技	37,305
5	テニス	36,484
6	ソフトテニス	35,704
7	弓道	33,040
8	ソフトボール	24,462
9	卓球	18,988
10	剣道	16,486
11	ハンドボール	14,887
12	水泳（競泳）	11,783
13	サッカー	9,634
14	柔道	4,851
15	空手道	3,974
16	体操	2,713
17	新体操	2,281
18	登山	1,812
19	ボート	1,698
20	ホッケー	1,570
21	アーチェリー	1,557
22	なぎなた	1,455
23	少林寺拳法	1,447
24	スキー	900
25	フェンシング	844
26	カヌー	485
27	ヨット	347
28	スケート	325
29	水泳（飛込）	33
		439,203

登録者数（男女）

1	野球（硬式）	168,114
2	サッカー	165,449
3	バスケットボール	151,008
4	陸上競技	105,484
5	バドミントン	105,363
6	テニス	102,089
7	バレーボール	93,763
8	ソフトテニス	83,201
9	卓球	68,393
10	弓道	66,987
11	剣道	47,153
12	ハンドボール	43,952
13	水泳（競泳）	31,117
14	ソフトボール	30,870
15	柔道	25,217
16	ラグビーフットボール	24,990
17	空手道	10,908
18	野球（軟式）	10,797
19	登山	9,317
20	体操	5,221
21	ボート	4,911
22	アーチェリー	4,740
23	ホッケー	3,535
24	少林寺拳法	3,476
25	新体操	2,801
26	スキー	2,769
27	ボクシング	2,691
28	レスリング	2,333
29	フェンシング	2,250
30	ウエイトリフティング	1,801
31	自転車競技	1,643
32	カヌー	1,565
33	なぎなた	1,455
34	水泳（水球）	1,360
35	スケート	1,319
36	ヨット	1,221
37	相撲	967
38	水泳（飛込）	66
		1,390,296

【図6】高体連（加盟校数）

加盟校数（男子）

1	バスケットボール	4,521
2	陸上競技	4,353
3	卓球	4,257
4	サッカー	4,175
5	野球（硬式）	4,071
6	バドミントン	3,556
7	剣道	3,501
8	テニス	2,987
9	バレーボール	2,816
10	ソフトテニス	2,693
11	柔道	2,569
12	水泳（競泳）	2,077
13	弓道	1,892
14	ハンドボール	1,241
15	ラグビーフットボール	1,108
16	空手道	932
17	登山	822
18	野球（軟式）	475
19	体操	378
20	スキー	363
21	ボクシング	348
22	ソフトボール	328
23	レスリング	255
24	アーチェリー	249
25	自転車競技	236
26	少林寺拳法	231
27	ボート	229
28	ウエイトリフティング	218
29	相撲	171
30	フェンシング	162
31	スケート	125
32	カヌー	113
33	ヨット	105
34	ホッケー	103
35	水泳（水球）	100
36	新体操	57
37	水泳（飛込）	20
		51,837

加盟校数（女子）

1	バレーボール	4,075
2	バスケットボール	4,035
3	陸上競技	3,983
4	バドミントン	3,795
5	卓球	3,257
6	剣道	3,037
7	ソフトテニス	2,850
8	テニス	2,754
9	弓道	1,920
10	水泳（競泳）	1,895
11	ソフトボール	1,549
12	柔道	1,366
13	ハンドボール	920
14	空手道	739
15	サッカー	627
16	体操	464
17	登山	378
18	新体操	307
19	スキー	257
20	アーチェリー	221
21	ボート	188
22	少林寺拳法	185
23	なぎなた	173
24	フェンシング	137
25	スケート	135
26	カヌー	93
27	ホッケー	89
28	ヨット	74
29	水泳（飛込）	26
		39,529

加盟校数（男女）

1	バスケットボール	8,556
2	陸上競技	8,336
3	卓球	7,514
4	バドミントン	7,351
5	バレーボール	6,891
6	剣道	6,538
7	テニス	5,741
8	ソフトテニス	5,543
9	サッカー	4,802
10	野球（硬式）	4,071
11	水泳（競泳）	3,972
12	柔道	3,935
13	弓道	3,812
14	ハンドボール	2,161
15	ソフトボール	1,877
16	空手道	1,671
17	登山	1,200
18	ラグビーフットボール	1,108
19	体操	842
20	スキー	620
21	野球（軟式）	475
22	アーチェリー	470
23	ボート	417
24	少林寺拳法	416
25	新体操	364
26	ボクシング	348
27	フェンシング	299
28	スケート	260
29	レスリング	255
30	自転車競技	236
31	ウエイトリフティング	218
32	カヌー	206
33	ホッケー	192
34	ヨット	179
35	なぎなた	173
36	相撲	171
37	水泳（水球）	100
38	水泳（飛込）	46
		91,366

平成24年度（公財）全国高等学校体育連盟加盟状況 http://www.zen-koutairen.com/pdf/reg-24nen.pdf 及び公益財団法人日本高等学校野球連盟平成24年（2012年）度加盟校部員数
（硬式 http://www.jhbf.or.jp/data/statistical/koushiki/2012.html）
（軟式 http://www.jhbf.or.jp/data/statistical/nanshiki/2012.html）による。

よいであろう。しかし、女性指導者の体罰報道事例が皆無というわけではなく、女性指導者に関する体罰事例も1件報じられている。

指導者を年代別にみると、40代が最も多く26名、次いで30代が18名、50代が17名と続いている。【図8】

運動部指導ということから、体力のある30代、40代の指導者が多いのではないかと推測され、そのような背景が影響していると思われる。しかし、指導のベテランと思われる40代、50代の指導者も多かったところからすると、ベテラン指導者の中においても体罰を伴う指導が行われていることがうかがわれ、運動部指導と体罰との関係の根深さを感じざるを得ない。

なお、報道された記事の中から指導者の担当教科が分かる例が6件あり、保健体育が5件、社会科が1件であった。すべての指導者について担当教科が明らかにされているわけではないので、体罰と担当教科との関係について何らかの結論を導くには至らないものの、保健体育を担当教科とする指導者による体罰が多く報じられている点については、注目してよいと思われる。なお、指導者のうち、4名は外部指導員であった。

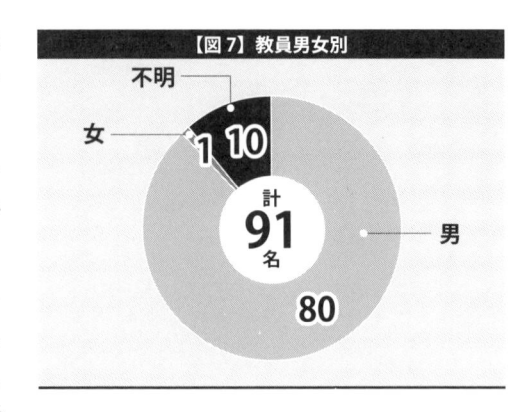

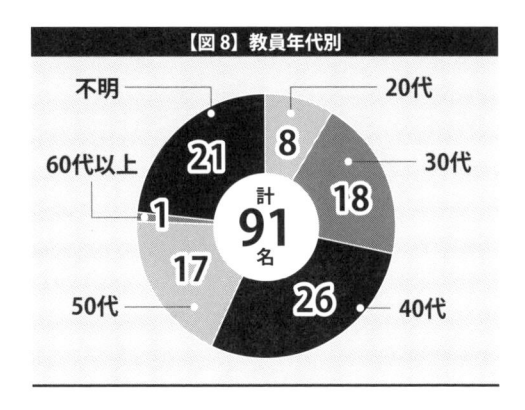

[体罰が報じられた運動部の競技レベルについて]

体罰が報じられた事案のうち、運動部の競技レベルについての記載がなされていたものが15件あり、そのほとんどは全国大会出場や都道府県大会優勝といった記載であった。全国大会出場といった高い競技レベルにある運動部（桜宮高校もその1つであることは指摘するまでもない。）においても、数多くの体罰が報じられている。そのような高い競技レベルの運動部を指導している指導者は、多くの場合、優秀な指導者と評価されているものと思われるが、そのような優秀とされる指導者の中においても、体罰が用いられているということであり、このような事態は深刻と受け止めなければならないであろう。

[被害生徒の性別について]

被害生徒の男女別を見ると、男子48件、女子18件、男女ともあり3件、不明22件となっている

【図9】。比率としては男子3に対し女子1の割合となっている。男子に対する体罰事例が多く報じられているが、女子についても体罰が報じられている。中学・高校で運動部活動に参加している加盟校数は、中学で男子63,745校、女子57,672校、高校で男子51,837校、女子39,529校であることに照らすと、男子について比較的多く体罰が報じられているといえる。

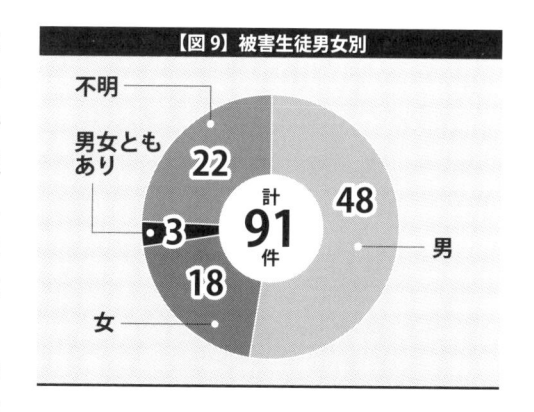

しかし、女子についても上記のとおり18件の体罰が報じられており、体罰を行ったのは男性指導者が圧倒的多数であったこと（【図7】参照）に照らすと、男性指導者が女子に対して体罰を行うという事案も比較的多く認められている。

【図9】被害生徒男女別
計91件
- 男 48
- 女 18
- 男女ともあり 3
- 不明 22

[体罰の内容について]

報じられた記載から体罰の内容を見てみると、「手で叩く」が70件、「殴る」が11件、「蹴る」が28件、「道具で叩く、殴る、突く、ぶつける」が17件、暴言が3件、その他が14件であった。【図10】

【図10】体罰の内容

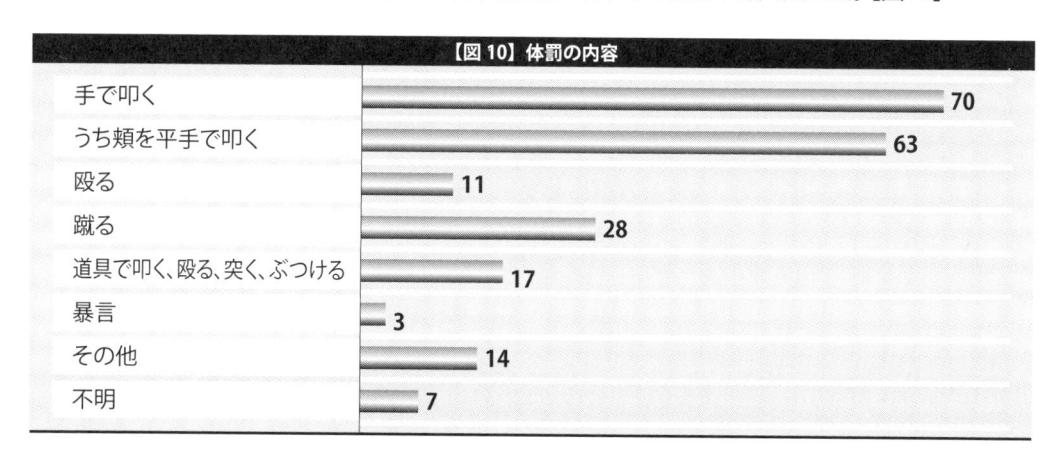

項目	件数
手で叩く	70
うち頬を平手で叩く	63
殴る	11
蹴る	28
道具で叩く、殴る、突く、ぶつける	17
暴言	3
その他	14
不明	7

「手で叩く」のうち、頬を平手打ちするもの（いわゆるビンタ）が63件あり、ビンタが突出して多いことが認められ、ビンタが運動部指導における体罰の典型例であるといってよい。しかし、ビンタの回数が多数回に及ぶ者や、ビンタにとどまらず殴る蹴るといった行為に及んでいる者も一部認められ、このような者においては体罰指導がエスカレートしていることがうかがわれる。

[被害生徒の傷害の有無について]

傷害ありとされたものが38件、傷害なしとされたものが27件、不明が37件である。傷害ありとさ

れたものの中には、口の中や唇を切る、鼻血を出すが13件、鼓膜損傷が8件となっており、これらは、平手で頬を叩く(いわゆるビンタ)、顔面を殴るなどの行為によって生じた傷害であると考えられる。一方、骨折事例が肋骨、鎖骨、左腕、手首の4件で認められ、これらの重傷事案の発生も散見されている。すなわち、体罰事例については、傷害なしとされている事例や顔面付近を中心とした軽傷事例が多いが、ごく一部ではあるが、これにとどまらず重傷を負う事例も認められるということである。運動部活動の指導者の中には、一旦体罰が行われると、体罰がエスカレートする傾向があると指摘する者もおり、体罰が行われた結果、重傷事案が発生する可能性があり、実際に上記のような重傷事案が発生していることには留意すべきであろう。

［被害生徒の予後について］

　被害生徒の予後について触れたものが11件あり、その内容は、桜宮高校の自殺が1件あるほか、退学が3件、転校が2件、退部が4件、その他1件となっている。桜宮高校のケースは、体罰を執拗に繰り返すことによって生徒を精神的に追い込み、自殺という最悪の結果に結びついてしまったものであるが、運動部活動における体罰指導が生徒の自殺を招いた例が過去にも発生しており（1985年に岐阜県の女子陸上（やり投げ）選手が自殺したもの。その後損害賠償請求訴訟が提起されている。判例タイムス851号170頁参照。）、それにもかかわらず、今回最悪の結果を再び招いてしまったことは、痛恨の極みというべきである。運動部活動における体罰指導が、最悪の場合、生徒の自殺に結びつくことがあるということは、運動部活動の指導、スポーツの指導に関わるすべての者が改めて銘記すべきことを強調したい。また、自殺に至らないまでも、退学、転校などによって生徒の将来に大きな影響を与えたり、退部によって競技が継続できなくなることにもつながる可能性があるのであるから、運動部活動における体罰指導は決して許されないということを、ここに示されている数字からも改めて受け止めてほしいと考える。

［体罰の理由について］

　「練習や試合中のプレーに関しミスがあった」「指導に従わなかった（指導したプレーができなかった）」「気の緩みがあった」「消極的なプレーをした」「声が出ていなかった」など、練習や試合中のプレーを理由とするものが35件、「挨拶をしない」「部内のルールを守らない」「服装を注意した際の態度」などの生活指導を理由とするものが31件、その他が3件、不明が26件であった。【図11】
　このように、プレーを理由とする体罰と生活指導を理由とする体罰がほぼ同じ程度認められる。
　生活態度を理由とするものは、指導者による懲戒が問題となり得る場面が多いと思われる（それでも体罰が許されないことはいうまでもない。）が、プレーを理由とするものは、必ずしも懲戒が問題とならないことが多いと思われる。むしろ、プレーを理由とする体罰が多数報じられている状況からすると、プレーでミスをした、指示されたプレーができないなどによってプレーそのものを非難し、競技の指導として体罰を加えることがいわゆる「厳しい指導」として多く行われている実態がうかがわれる。

【図11】体罰の理由

理由	件数
練習や試合中のプレーを理由とするもの	35
生活指導を理由とするもの	31
その他	3
不明	26

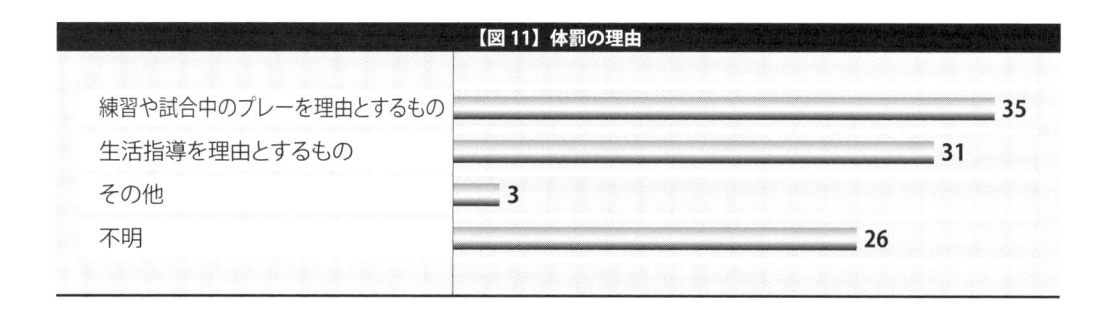

しかし、プレーそのものを注意し指導するために、体罰をもって非難することが許されないことは、改めていうまでもない。

また、「気合いを入れる」「士気を高める」という理由のものもあり、これらの場合では、競技に勝たせるために、体罰を加えることによって緊張感を与えようという意図がうかがわれる。しかしながら、このような場合には、生徒には何ら非違行為はないわけであり、生徒にしてみれば、非難されるべき行為に心当たりがないにもかかわらず、身体に対して危害を加えられ痛い思いをするということであって、このようなことは理不尽以外の何物でもない。生徒にしてみれば、好きな競技をして、もっとうまくなりたい、もっと強くなりたい、試合に出て勝ちたいと純粋に欲しているのに、どうして叩かれたり、殴られたりしなければならないのか、理解に苦しむのではないだろうか。

[指導者のコメントについて]

報じられた記事の中には、指導者のコメントについて触れられているものが23件あった。その中で目立つのは、「厳しく指導した」「指導のつもりだった」「行き過ぎた指導だった」など、指導として体罰を行ったというものが11件あることである。これらの指導者のコメントからは、運動部活動を指導する上で、厳しく指導を行い、結果を出そうとするのであれば、指導の上では体罰も必要であるとのニュアンスがうかがわれ、その意味で確信犯的であるということができよう。

また、コメントの中には、「やってはいけないことだと認識できていなかった」「体罰という認識がなかった」「けがをしなければ体罰にならないとの認識だった」「教育の一環」などとして、運動部活動の指導における体罰が許されない行為であるとの認識を欠いていたと思われるコメントが4件あった。

「つい、かっとなった」という偶発型のコメントもあるが、ごく少数であり、運動部活動の指導者の一部には、未だに厳しい指導と称して繰り返して体罰を行う者がいるという実態が、コメントに現れているということができよう。

[過去の体罰について]

報じられた記事の中に、過去にも体罰が行われていたことを指摘するものが11件あった。このこと

から、運動部活動の指導者の一部には、体罰を繰り返して行う者がいることが示されている。

[まとめ]

　以上を概観すると、運動部指導における暴力は、中学でも高校でも、幅広い競技で、男子生徒に対しても女子生徒に対しても、全国的に蔓延して行われているということができよう。極めて残念なことである。

　体罰の理由や指導者のコメントを通じて、運動部活動の指導者の一部には、厳しい指導として体罰を行う者がおり、それらの者は確信犯的に繰り返し体罰に及んでいるという運動部活動の実態を見て取ることができる。
　そのような指導が行われている理由としては、試合における勝利に対しては、体罰や暴力がある程度効果があると信じられている実態があるのではなかろうか。体罰を行うことにより、生徒に緊張感が生まれ、「気合いを入れ」「集中力を高める」こととなって、結果として勝利につながると信じているからこそ、体罰が「厳しい指導」として繰り返されているのではないだろうか。

　しかし、問題は、体罰を繰り返すことによってもたらされる実害である。被害を受けた生徒の中には、重傷を負う者や、競技を継続できなくなったり、精神的に追い込まれる者が発生し、最悪の場合には自殺に追い込まれる選手が発生するということを、今回の集計の中から導くことができよう。
　体罰を行うことには、勝利をもたらす効果があるとしても、体罰・暴力は、いわば外力に頼って一時的に競技力を向上させるものにすぎないし、長期的に継続して行われれば、心身に悪影響を及ぼす可能性がある。その意味で、運動部活動の指導において体罰・暴力を用いることは、薬物に頼って競技力を向上させようとするドーピングに近い面を持っていると考えられる。

　しかし、ドーピングによって得られた勝利がフェアな勝利ではないという認識は、いまや世界共通の認識であり、そのような認識に基づいて、スポーツ界がアンチ・ドーピング活動に全世界的に取り組んでいることはいうまでもない。

　これと同じように、体罰・暴力によって得られた勝利は、フェアな勝利ではなく、真の勝利ではないということを、スポーツ界が強く認識する必要があるものと考える。このような認識が、運動部活動の指導の現場、スポーツ指導の現場にしっかりと根付くことが、まずは必要であると思われる。

The Paper About A Sport

スポーツと暴力の関係・歴史──
スポーツは極めて暴力的だった!?

筑波大学体育系
菊 幸一

菊 幸一（きく こういち）●プロフィール
　筑波大学体育系教授。筑波大学大学院スポーツ健康システム・マネジメント専攻長。教育学博士。日本スポーツ社会学会理事長。日本体育学会理事など。主な編著書に、「21世紀のスポーツ社会学」（創文企画）、「スポーツ政策論」（成文堂）、「よくわかるスポーツ文化論」（ミネルヴァ書房）など。

[スポーツと暴力の蜜月関係？── 暴力の歴史が長いスポーツ ──]

　まず表1（次頁）をご覧ください。この表は、4世紀から18世紀までにヨーロッパ諸国で出された主なスポーツ禁止令の事例を示したものです。まず驚かされるのは、私たちが今日、「スポーツ」と呼んでいるものの歴史的な原型の多くが、ときの国王や教会、行政といった権力者から奨励されるどころか、禁止の対象となっていたという事実です。なぜでしょうか。

　もう少し詳しくみていきましょう。年代によってそれぞれ特徴のあるスポーツの禁止令が出されていますが、特に目立つのは、10世紀以前では聖職者の「鷹狩」の禁止、11世紀以降では「トーナメント」や「フットボール」の禁止、あるいはテニス（ジュー・ド・ボームはテニスの原型）やゴルフの禁止などです。

　例えば今日、ノックダウン（一騎打ち）方式で勝ち残りの試合形式を意味する「トーナメント」は、歴史的には馬上槍試合のことでした。馬上槍試合とは、当時の貴族がその家柄の名誉をかけて、槍を持った騎士を左右に分かれさせ、全速力で馬を走らせてお互いの体に向けて槍を突き合い（死をも厭わず）生き残りをかけるという、極めて凄惨な、野蛮なゲームであったといわれています。ときには、両者が死んでしまう場合もあり、どちらが先に息絶えたのかによって勝敗が決する場合も少なくありませんでした。

　また、今日のサッカーやラグビーの原型であるフットボールは「モブ・フットボール」と呼ばれ、これも非常に暴力的で、ときには死人が出ることも珍しくはなかったといわれています。すなわち、それは村対抗、町対抗で競われる群衆フットボールであり、豚や牛の膀胱で作られたボールを数百人の人びとが入り乱れて奪い合うスポーツで、殴る、蹴る、取っ組み合うのが当たり前のケガ人続出のゲームであったというのです（イラスト参照）。まさに、体のエネルギーが暴走するのを誰も止めようとしなかった情景が浮かんできます。

　このように「不法な遊び」（1535年）とまでされて禁止の対象となったスポーツは、今日の私たちのスポーツから比べると極めて暴力的であり、ときの権力者からすると社会を混乱させ、最後には国王や聖職者（教会）の権威や統治をも脅かす存在であったということが理解できるでしょう。この権力者の権威を脅かすという点では、10世紀以前の聖職者による「鷹狩」の禁止、そしてその後のテニスやゴルフの禁止なども同じ理由によるものです。すなわち、聖職者が鷹狩、テニスなどの遊興にふけったり、庶民が教会やジェントリ（地主層）の広大な敷地に無断で入ってきて狩猟やゴルフの邪魔をしたりすることは、ときの権力者たちにとって許容できない秩序の乱れであったということなのです。聖職者をふしだらな遊び（スポーツ）から遠ざける「教会法」、あるいは10～13世紀に整備された「森林法」や「狩猟法」は、暴力的な民衆の遊び（スポーツ）を排除し自分たちの土地に近づけないようにするという意味で、いかにスポーツのもつ暴力性やそれによって引き起こされる社会秩序の乱れを恐れていたかを象徴する法律といえます。

イラスト　モブ・フットボールの風景

（出所）Martin Tyler：The Story of Football, M.Cavendish. 1976

表1 ヨーロッパにおいて4世紀から18世紀までに出された主なスポーツ禁止令

年代	内容	地域
393～423年	ホノリウス帝治下、剣闘士の競技を禁止	[西ローマ帝国]
506	アグデの教会会議、聖職者の鷹狩を禁止	[フランク王国]
585	マイオンの教会会議、聖職者の鷹狩を禁止	[フランク王国]
7～8世紀	教会会議「春祭の競走」を異教的として度々禁止	[ケルト人]
1139	第2回ラテラノ公会議、弩の使用とトーナメントを禁止	[イタリア]
1154	国王ヘンリー2世、トーナメントを禁止	[イギリス]
1215	第4回ラテラノ公会議、弩の使用とトーナメントを禁止	[イタリア]
1227	公会議、聖職者のトーナメント参加を禁止	[ドイツ]
1230	ドイツ騎士団、打球戯とチェスを許可、バドミントンと犬による狩猟を禁止	[ドイツ]
1245	ルーアンで聖職者のボールゲーム禁止	[フランス]
1285	国王エドワード2世、ロンドン市内での剣術教授を禁止	[イギリス]
1296	国王フィリップ4世、貴族のトーナメント参加を禁止	[フランス]
1297	「森林法」、イングランド下層民の狩猟を禁止	[イギリス]
1306	ボールゲームと九柱戯禁止	[フランス]
1310	ルツェルンで、教会の庭での身体運動と遊戯の禁止	[スイス]
1313	国王エドワード2世、ロンドン市内でのフットボール禁止	[イギリス]
1319	国王フィリップ5世、武器修練を奨励しスールを禁止	[フランス]
1322	国王エドワード2世、トーナメントを禁止	[イギリス]
1331	国王エドワード3世、フットボールを禁止	[イギリス]
1345	イングランド農民の、ボールゲーム・ホッケー・競走・闘鶏を禁止	[イギリス]
1359	皇帝カール4世、コンスタンツの司教座聖堂参事会員のトーナメント参加を禁止	[ドイツ]
1364	エリーの教会会議、聖職者のボールゲームを禁止	[イギリス]
1365	国王シャルル5世、ジュ・ド・ボームを禁止	[フランス]
1385	ロンドン司教、教会内でのファイブズを禁止	[イギリス]
1388	国王リチャード2世、職人・奉公人に弓射を奨励、武器携行・テニス・フットボール・石投げ・円盤投げ・九柱戯を禁止	[イギリス]
1389	イングランド下層民のテニス禁止	[イギリス]
1397	パリの裁判官、日曜と祭日以外のジュ・ド・ボームとスールを禁止	[フランス]
1401	国王ヘンリー4世、フットボールを禁止	[イギリス]
1410	国王ヘンリー4世、フットボール禁止令を再公布	[イギリス]
1415	ハイデルベルクの学生の、剣術を禁止	[ドイツ]
1415	国王ヘンリー5世、フットボールを禁止	[イギリス]
1420	スコットランドでフットボール禁止	[イギリス]
1429	シャロン市、弓射を禁止	[フランス]
1440	ブルターニュ司教、スールを禁止	[フランス]
1450	ハリファックスでフットボールと九柱戯禁止	[イギリス]
1450	ヴィクの学則、教会以外の場所での遊戯を禁止	[オランダ]
1457	スコットランドの国会、フットボールとゴルフの禁止を決議	[イギリス]
1460	フライブルク大学、学生の石投げ・剣術を禁止	[ドイツ]
1467	レスター市、市内でのテニスとフットボールを禁止	[イギリス]
1471	イングランドとスコットランドでゴルフ禁止	[イギリス]
1472	インゴルシュタット市、学生の剣術興行参加を禁止	[ドイツ]
1477	イングランドでフットボールとクロッケー禁止	[イギリス]
1479	ビュルツブルクのトーナメント規定、「市民化した」貴族の参加を禁止	[ドイツ]
1484	バーゼルで謝肉祭の間、市内での諸競技禁止	[スイス]
1485	サーンスの教会会議、修道士のジュ・ド・ボームを禁止	[フランス]
1491	イングランドでフットボールとゴルフ禁止	[イギリス]
1529	バーゼルの宗教改革法、日曜・祭日の九柱戯を禁止	[スイス]
1535	国王ヘンリー8世、テニスと「不法な遊び」を禁止	[スイス]
1537	ハンブルクのギムナジウム学則、水泳と沐浴を禁止	[ドイツ]
1539	チューリッヒで子どもの九柱戯禁止	[スイス]
1551	ニュルンベルクで剣術興行禁止	[ドイツ]
1563	リーグニッツ領主ハインリヒ9世、武器携行・沐浴・雪合戦・氷上遊戯を禁止	[ドイツ]
1594	ハイデルベルク市で、学生のボールゲーム禁止	[ドイツ]
1610	生徒の氷上での競走・雪合戦・深い川での沐浴禁止	[フィンランド]
1611	バーゼルでレスリング禁止	[スイス]
1627	チューリッヒ市、射的大会での賭博を禁止	[スイス]
1640	バーゼルで教会での乗馬禁止	[スイス]
1641	ジリスで、公共の場での円盤投げ禁止	[スイス]
1641	ゴータのギムナジウム学則、身体に害を与える跳・レスリングなどを禁止	[ドイツ]
1682	チューリッヒで、氷上での石投げ禁止	[スイス]
1700	アウグスブルク市、剣術興行を禁止	[ドイツ]
1760	公開のボクシング試合禁止	[イギリス]
1785	国王カルロス3世、闘牛を禁止	[スペイン]
1785	トリモール選帝侯、モーゼル川でのスケートを禁止	[ドイツ]
1788	国王カルロス4世、闘牛を禁止	[スペイン]

(池田勝・守能信次編「スポーツの政治学」杏林書院、1999、p.16－17を改変)

［なぜスポーツは、長い間暴力的であったのか？］

　これまで述べてきたように、わずか200年前までのスポーツは、暴力と密接な関係をもち、むしろ統治者からみれば反社会的なものでさえありました。では、なぜスポーツは、このように長い歴史の間、暴力と密接に関係してきたのでしょうか。なぜ社会（庶民）は、ときの権力者がスポーツ禁止令を発令するほどまでに、スポーツのこのような暴力性を許容し、暴力に対して寛容だったのでしょうか。このような「問い」は、人間にとって身体的暴力に対する認識の仕方が、歴史社会的にみて多少なりとも変化しており、決して絶対的で普遍的な「悪」としてとらえられてこなかったのではないか、という見方から生まれてきます。

　まず気がつくことは、今日の「スポーツ」に近い、あるいはその原型だと思われている中世までのスポーツ―すなわち、近代以前までの主に身体的な力（パワー）を行使する競技、ゲーム、あるいは民衆娯楽と呼ばれたもの―には、明らかに、今日の私たち現代人とは異なる暴力に対する寛容度の高さと、それに伴う（暴力を振るってはならないとする）自己抑制の程度の低さがみられるということです。つまり、あたかも中世という時代における社会は、全体としてある程度の身体的な暴力の発揮には寛容であり、現代社会の基準とは異なる行儀の悪さ、乱暴な態度をお互いに許し合う傾向がみられるのです。この多少なりとも乱暴な言葉遣いや身体接触をお互いに許し合う人間関係を「相互依存関係」の強さと考えると、中世までの人びとは、現代社会を生きる私たちよりは（はるかに？）強い相互依存関係に基づく人間関係のなかで生きていたということになります。

　私たちは、乱暴な言葉遣いや暴力的な身体的接触を目の当たりにすると、一般的には強い嫌悪感を覚え、これを回避したり、拒否したりしたくなります。では、近代以前の人びとも、私たち現代人と同じような嫌悪感をもってこのような行為を受けとめていたのでしょうか。もし、そうであるとすれば、これほど長い間、乱暴で暴力に満ちている（と思われる）行為に耐えられるはずがありません。やはり、近代以前と以後とでは、「何が暴力で、何が暴力でないのか」の線引き（基準）や感度自体が、大きく変化したとしか考えられないのです。

　そこで、先の相互依存関係において、人びとがお互いに「依存し合う」ということ、もっといえば、お互いが直接、依存し合わなければならない人間関係を必要とする社会というのはどのような「社会」なのか、ということについてもう少し考えてみましょう。多少なりとも乱暴な言葉遣いや態度が許容される間柄（あいだがら）というのは、俗に言う「親密な」関係であり、家族や友人などをすぐに思い浮かべることができます。近代以前の「地縁」で結ばれた狭い地域共同体では、お互いが常に顔見知りである上に、その生活を維持していくためには強い相互依存関係が必要であり、可能でしたから、自然に家族や友人の間柄に似た「結びつき」（＝親密圏）が生まれます。

　E．デュルケームという社会学者は、このような結びつきを「環節的紐帯（ちゅうたい）」と呼びました。その意味は、社会が狭い地域的境界線によって区分され、共同体の内部では強い求心性や親密性をもった相互依存関係のつながり（紐帯）が特徴的に現れるということです。したがって、このような紐帯を基本単位とする近代以前の社会では、むしろ暴力的とも思われる身体接触を伴う民衆娯楽としてのスポーツが、それゆえに相互依存関係が強い地域社会を構成していく接着剤のような役割を果たしていたとも考えられるのです。

　また、17世紀に産業革命が起こる以前の社会では、労働のエネルギーの主役は一部の家畜や簡単

な梃子（てこ）の原理を応用する以外は、まさに人間の肉体的な力（パワー）に頼るしかありませんでした。だから、人間の肉体的なパワーは強ければ強いほど、社会にとってたいへん価値があり、その発揮が奨励されることになります。特に若い男性の肉体的パワーは、社会の労働を支える中心ですから、彼らの多少なりとも行き過ぎたパワーの発揮（＝暴力）も、それが社会に役立つという観点からみると非難の対象になるというよりは、若気の至りということで許容される傾向にありました。

　このように、長い間スポーツにおける暴力が庶民の間で許容されたのは、彼らが強い相互依存関係のなかで共同体の一員として生活し、その生活を支えるパワーが肉体的なそれに頼ることに価値が置かれたからだと考えることができます。そうすると、スポーツと暴力の関係を考えるとき、この2つの要因がどの程度社会の中に現れるのかによって、多少なりともスポーツにおける暴力に対する社会の見方が変わってくることになると考えられることになります。

[暴力のないスポーツ＝近代スポーツの誕生]

　産業革命によって文明化された近代社会とは、これまで主に人間の肉体的パワーに頼っていた社会が水蒸気によってエネルギー革命を起こした社会のことであり、この革命によって溢れ出るエネルギー（暴力的なまでのエネルギー）をむしろどのようにコントロールし、目的に適った方法で効率的に、無駄なく発揮することができるのか（すなわち、技術）に価値が置かれる社会です。このような社会は、物事の決着の仕方もこれまでのような「力対力」をむき出しにして、「トーナメント」にみられるような野蛮な暴力的決着を望まなくなります。なるべく長い時間をかけて話し合い、それでも決着がつかなければ多数決という穏便な方法（議会主義）をとるようになります。それは、早急な結果よりも過程（プロセス）を重視し、その時間的変化（バリエーション）を工夫して楽しむ態度といってよいかもしれません。

　これと同じことが、これまで暴力的であったスポーツにも起こります。その舞台の中心は、当時の上流階級と中産階級の子弟らが交わるイギリスのパブリック・スクールという私学の寄宿制学校でした。ここでは、例えば庶民の暴力的なモブ・フットボールが、手や腕を使ってはならないとするサッカーと、ボールを持っている人が前にボールを投げて進んではならないとするラグビーという近代スポーツに変質します。この2つの近代スポーツに共通しているのは、以下のような社会的性格です。

　　1）禁欲的性格…　　わざわざ人間の身体的欲望をストレートに発揮させず、強い意志や努力を重視すること
　　2）倫理的性格…　　平等な条件のもとでの、フェアプレーや自己犠牲を尊重すること
　　3）知的・技術的性格…　身体的パワーをコントロールする技術や知略を重視すること
　　4）組織的性格…　　ゲームを組み立てることやそのための社会集団を構成すること
　　5）都市的性格…　　狭い面積しかとれない都市的空間に応じたプレー空間を設定し、都市のライフスタイルに対応したこと

　以上のような社会的性格を帯びたスポーツは、これを体験することによってまさしく近代社会が求める、望ましいライフスタイルの資質を身に付けることができるということから、

　　6）教育的性格…　　近代社会を構成するのにふさわしい人間形成、とりわけ道徳的発達に役立つこと

としてとらえられます（スポーツ教育の誕生）。

　このような社会的性格は、必然的に、これまで暴力的であったスポーツを非暴力的性格へと変質させていくと同時に、その前提の上に構築されていくことになります。すなわち、近代スポーツの誕生とは、これまで存在していたスポーツの暴力的性格とは正反対の非暴力的性格をことさら強調し、これを社会から認められることによって、初めて社会的な存在に「なった」ということを意味しているのです。むしろ、油断していると暴力が発揮されやすいスポーツだからこそ、その暴力性をコントロールし、正々堂々とプレーしているプレイヤーの姿は、暴力のない社会をめざす近代以降の社会の厚い信頼を勝ち得る要因になっているとも考えることができるでしょう。

　しかし、だからこそ暴力とは無縁だと思われているスポーツの誕生とその後の歴史は、そうではなかった歴史から比べるとはるかに短く、その出自からしても（元の暴力的状態に戻ってしまう）非常に危うい存在なのだということを肝に銘じておく必要があります。

［現代スポーツの危うさ ── 暴力性への回帰か？ ──］

　さて、近代スポーツの誕生からかれこれ百数十年を経た現代スポーツの状況は、果たしてどうでしょうか。

　もう一度前節のおさらいになりますが、スポーツが社会的に受容された理由は、その非暴力的性格に対する社会からの「信頼」にこそあります。少なくとも今日の社会では、暴力のない（暴力が根絶した）社会の1つのモデルとして、このようなスポーツを承認・受容し、これを経験することによって暴力のない社会を再生産しようとしてきたのです。この「再生産」を担うのが教育としてのスポーツ（スポーツ教育）であり、体育であったはずでした。しかし、この近代以降におけるスポーツの発展とともに育まれてきたはずのスポーツや体育に対する社会的信頼や期待は、今日、見事に裏切られようとしています。それは、なぜなのでしょうか。今日の体育やスポーツに、いったい何が起きているのでしょうか。

　人間社会の理想は、いうまでもなく暴力を根絶することにあります。それが社会の発展とともにより強く「理想」として語られ、現実の暴力に対して絶対に「あってはならないこと」として向き合わざるを得ないのは、もはやグローバルなレベルで、見知らぬ者同士が自由に遭遇する移動可能な社会を実現させなければ、今日の社会がますます成立しづらいからです。この意味で現代社会は、中世までの共同体社会とはまったく正反対の人間関係によって成立していることになります。しかし、それがあくまで「理想」や「倫理」のレベルで強調されるのは、逆にこれまでの人間の歴史のなかで「暴力」が根絶されたためしがないからともいえます。すなわち今日、「暴力根絶」を語ることはたやすいのですが、その完全な実現は理想が高くなれば、現実はそれからよりいっそう遠くなるというジレンマ状態に陥っているのです。なぜなら、人間は暴力を振るう存在だからである、としかいいようがないからです。

　したがって、現代社会は「暴力根絶」を理想としながらも、その現実的対応としていかに暴力を「飼い慣らす」のか、その感情的興奮の存在を一方で認めつつ、他方でどのようにこれを抑制し、コントロールするのかという緊張のバランスを工夫するようになりました。その重要なモデルの1つとなったのが、これも「スポーツ」なのだというふうに考えることはできないでしょうか。つまり、現代社会の側からみれば、スポーツは人間の暴力「性」発揮のどこまでが許容されるのかを確認し、それが逆に非暴力性

をどのように育む可能性につながるのかを試す、リトマス試験紙のような役割を果たしているのではないかということです。

では、なぜこのような文化的性格をもつスポーツが、特に運動部活動や体育という教育的営みの中で、その目的に反する「暴力」を「体罰」という名のもとに許容する今日的「問題」を発生させてしまうのでしょうか。そこには、桜宮高校のバスケットボール部顧問や女子柔道代表監督の某氏といった、ある特定個人の性格的問題に帰することができない、これまで述べてきたような暴力発生の「構造的」で、かつ「歴史的」な問題のとらえ方が必要になってくると考えられます。

［スポーツと暴力の関係・歴史が教えてくれるもの］

まずスポーツと暴力の関係史が教えてくれるのは、スポーツはそもそも暴力と無縁であったためしがないということであり、この歴史的事実をしっかり「自覚」する必要があるということです。特に中世までのスポーツと暴力との関係では、強い相互依存関係にある共同体的で親密な関係性において暴力が発生しやすく、スポーツのような肉体的パワーに頼るパフォーマンスが要求される世界では、それがなお発揮されやすいということでした。

これとほぼ同じ構造が、体育やスポーツの教育現場、特にプレー要素として競争の楽しさや面白さを自由に追求する体裁をとる、運動部活動の指導現場には生じやすいということがいえるかもしれません。なぜなら、現代スポーツにおける（あの野蛮な）「トーナメント方式」を採用する競争の形式は、明確な結果をすぐに求めようとする身体的活動ですから、その結果に対するメリットクラシー（学校にとってのメディアバリューや生徒にとっての進学保障、あるいは指導者の社会的名声など）が外部から与えられやすく、運動部活動本来の目的が手段化され、現代の体育「界」やスポーツ「界」では、それが半ば黙示的に常識化される傾向があるからです。

また、その意味では、暴言や暴力が教育的だからという名目のもとで「罰」として正当化されやすく、その指導的威圧の「過剰」性が「過剰」な愛着を生み出す（その逆もある）ようなチーム単位の共同体的で強い相互依存関係が成立しています。そこでは、弱い立場の被指導者としての生徒が、むしろ愛着とともに暴力を受容するという共軛関係を成立させてしまうこともあります。このことは、指導者による暴力問題より、さらに根の深い問題、すなわち翻って中世社会のような社会全体の暴力の再生産に、無意識のうちに手を貸してしまう危険性をも感じさせます。

成熟した現代社会は、暴力をますますタブー視し、それに対する嫌悪感を高めます。一方、これに対して体育界やスポーツ界は、そのような社会変化と断絶した関係の中で「界」内部にのみ通用する（暴力）行為に鈍感になることを大いに「自覚する」必要があります。このズレを解消するためには、体育やスポーツの指導者が常に外部との人的交流を絶やさず、知的コミュニケーションに開かれた教養を「意識的に」身に付けていかなければなりません。また、そのための仕組みづくりも重要になってきますが、まずはスポーツと暴力の関係・歴史をしっかりと学んでおく必要があるのではないでしょうか。

＜参考文献＞
デュルケーム、E．＜田原音和訳＞（1971）社会分業論、青木書店
菊幸一（2013）体育・スポーツと暴力―体育指導者は暴力「問題」とどう向き合うべきか―、保健体育ジャーナル、99：1－2

The Paper About A Sport

「体罰・暴力」に頼らない、スポーツ指導者養成のために

文教大学
高井 和夫

高井 和夫（たかい かずお）●プロフィール
　文教大学 准教授。博士（体育科学）。教育学部心理教育課程において身体運動科学、体育心理学、スポーツ心理学をテーマに研究。

[問題の所在]

▶「体罰事件」

　現 MLB 黒田投手の体罰の生々しいインタビュー記事（NYT,'12.7.6）により、日本での「しごき」が米国では犯罪に値すると論評された。「スポーツ指導　暴力は文明化への逆行」（毎日,'13.1.27）、などスポーツ人口の拡大と多様化と対照的に「指導者」をめぐる事件は繰り返され、スポーツ界という閉じた同質性の高い同胞が集まる「男」社会と、そこで生業を食む指導者が絡む旧態依然の問題が存在する。

　桜宮高体罰報告書要旨（毎日,'13.5.2）によると、①体罰に寛容な校内の雰囲気があり、生徒や保護者が異議を唱えず、顕在化せず処理されてきたこと、②身内で穏便に処理するなど組織内のチェック機能の不全、が挙げられた。この背景には「生徒指導上問題のある者は指導者に叱ってもらうのが一番楽」という考えが出るなど、体育科教員の校内外での強い影響力に依存する風潮があった。この影響力は在籍年数の長い教員の発言力が強まるという組織内の慣習が背景にあった。ところで、体罰事件の報道と反するように、元顧問への校長の評価は高く、生徒の自殺後も部員や保護者からの非難の声はほとんど上がらず、卒業生や保護者からは「寛大な処分を」と嘆願書が提出された。

　体罰事件をめぐる真実は当事者からの角度と距離によって見え方が異なる印象を覚える。体罰問題は、学校・教員集団の同僚性と閉鎖空間、愛の鞭という名の生徒の蹂躙、強者から弱者への暴力の連鎖、タテ社会での物言えぬ雰囲気、と既視感のあるキーワードでこれまでも繰り返し語られてきたが、根本的な解決には至らず、再発、過剰報道、陳謝、防止策の弥縫に留まる。「私たち」と「私」では問題への切迫感に温度差を生むように。本稿でこの疑問を解きほぐす中で、部活動指導をめぐる古くて新しい問題が学校教育の古層として根を張っていることを明らかにしていく。

▶「体育」と「スポーツ」の混同

　「体育」と「スポーツ」の違いに拘泥する者は少ないが、両者は似て非なる存在である。「スポーツ」は「ホモ・ルーデンス」のごとく遊びや日常生活からの解放に由来し、卓越や競争、歓喜、そしてする者も見る者も是とする。対して「体育」は、教育の一環である「身体による、身体のための、身体に関する」学びが中心となり、知・徳・体の人間形成という教育目的を果たすための手段である。端的には「スポーツ」には「する自由もしないそれ」も当然の権利だが、「体育」には学校教育制度における「する義務」と到達目標が存在する。ただし、村上龍（1998）の「オレ別にサッカーで食ってないから、何でも書けるんだよね」を引くように、「スポーツ」、そして特に「体育」については、同業で中心（インナー）に近くなるほど論評や批判の自由度は狭まるようだ。

　M. フーコー（1977）の「従順な身体」が示唆するように、「体育」では「集団」、「規律・訓練」を旨とし「まず身体を動かす」を是としてきた。これは近代の「学制」以降、体術・体操、教練、体練から、そして（保健）体育との科目名の変遷に自明であり、わが国が近代以降「追いつき、追い越せ」のスローガンを果たすべく、物的資源に乏しく、人的資源に頼む「持たざる国」の歩みでもある（片山：朝日,'13.2.19）。ここに「体育」と「身体」「規律・訓練」、そして「精神主義」が不幸にも結びつき、時代的影響から余剰将校の学校配属による「軍事教練」が課され、「体育」や集団行動に「罰の体系」（玉木,1999）が加わった。

▶「部活動」を支える指導者の悩み

　関（2009）は「問われている部活動の在り方」において、部活動の現状について①学校教育における不明確な位置づけ、②教員にとって本務というより付加的に与えられた職務との認識、③子どもの技量差が拡大と教師の指導の困難さの増大、④学習指導要領に部活動と教育課程の関連が初めて明記されたが、法的・制度的問題点が未解決なまま、部活動が学校と地域社会への丸投げされていること、⑤熱心な教師ほど教科指導・生活指導・校務分掌・部活指導・地域連携で多忙化する悪循環、⑥若手教員が経験の薄い種目を担当するケースが多く、外部講師支援の手当が薄いこと、⑦部活動手当の改善必要、を挙げている。従って、多くの部活動指導は、教員の善意と奉仕精神に支えられている、といっても過言ではない。一方、「名門校」や「実績」を渇望する学校ほど、勝利という「成果」そしてそこから開かれる進学実績を明に暗に、そして生徒、保護者、同僚、管理職から期待される。すなわち、孤立無援の状況で、戦果を期待され、仕事を抱え込み、心身を消耗する顧問教諭のジレンマが内在されている。

▶体育教師の学校内での立場

　「何が彼をそうさせたか」（落合：毎日、'13.1.31）では、小説「ある体操教師の死」（藤森成吉、1922）を引き、「体操指導、生徒指導においても厳格かつ熱心だが、下いびりの上諂いの『下士官的存在』なために、同僚教師や生徒たちからも軽く見られた」と現在に通じる体育教師の立場を浮き彫りにした。対照的に、小林多喜二の初期小説「老いた体操教師」は邪気のない性格で生徒に愛されながら、保守的かつ厳格な校長の着任から「生きるためだ、仕方がない」と生徒に対する態度を翻意したが、逆に生徒による排斥運動で学校を追われた姿を描いた（朝日、'07.3.22）。正課の体育授業は主要な受験教科でないゆえ同僚・生徒から評価されず、いきおい生徒指導と部活指導に自らの居場所を求める。ところが「結果」を出せば管理職から覚えめでたく、さらに出場大会レベルによっては大学・実業団チームへの推薦枠を握る有力者と「出世」できる。部活動「指導」に忠実であろうとするほど、正課の授業実践がなおざりとなり、体育教師を取りまく学校・教育・社会の矛盾・軋轢がより強くなる。

［体罰問題への体育大学の現状と対応策］

▶体育大学の現状と課題

　いわゆる「体育大学」とは中学・高等学校の「保健体育科」の教員養成を担う学部・学科を擁する大学であり、当該校種の教員免許状を取得するために、教育実習をはじめとする所定の教育課程を履修する。この他の資格取得も選択可能な場合もあるが、「業務独占資格」という位置づけから中等教育教員の養成と採用実績が「体育大学」の生命線となる。スポーツに関連する人文・自然科学などの講義とともに、個人、集団、武道などの専門種目別の理論と実習を学ぶ。これら各論と学習指導要領の定める「生きる力」（知・徳・体）を育む「教師力」なる総論の修得が期待される。

　しかし、「体育大学」に所属する実質的な学びの場と、各校独自の校風を醸成する基盤は課外活動として所属する「運動部」に本丸があろう。高校からの推薦入試等の入学ルート、大学での所属の場、そして卒業後の進路ルート、あるいは各県教員組織の採用・昇進・配置における「学閥」の存在にお

いて、各大学の同窓会以上に、運動部の同窓会組織のタテとヨコのつながりは強力かつ濃密な働きをなす。「体育会系」の俗語が揶揄するように、各組織と構成メンバー序列の維持においては極めて有効な機能だが、各個人の意志や権利、あるいはその組織への第三者の評価は軽視される。

先述のとおり、「体育」と「部活動」を取りまく状況はタテマエとホンネが錯綜するが（Miller, 2013）、教員養成課程では不問である。従って、正課の授業実践力と部活動での指導力のいずれが「本務」であるか自己矛盾に陥らぬ倫理観・使命感の教育、そして「指導者」を取り囲むストレス、葛藤、多忙さ、暴力や逸脱した「指導」の誘惑への認識と対処法など、過去の問題事例を負の教訓として自己鞭撻すべきだろう。

「スポーツ基本法」の制定により、あまねく国民にスポーツする（またはしない）権利を保障する「スポーツ権」の理解が指導者養成には求められるところである（山本：NHK「視点・論点」，'11.10.10）。しかし、その養成の場において、指導者資格や倫理遵守等の公的な基準が行き届かぬ課外活動である所属運動部への過剰適応の弊害も見られる。今後、正課の教育課程において、スポーツ権を保障する指導者の行動規範や役割モデルの習得が図られるよう、教員の専門分野の知見だけでなく、求められる指導者の資質能力の各条件が全人的に育成されるよう、講義と指導実践を有効に関連づける学びが必要であろう。

▶指導者養成のナショナル・スタンダード

米国のナショナル・スタンダード　全米スポーツ・体育協会は、体育科教諭の質の保証のため、スポーツ・コーチとは独立して基準を設けている（NASPE, 2006, 2008）。①6つの基本的な基準（学士レベルの基準：科学的根拠に基づく知識、技能関連及び健康関連の体力における有能さ、児童生徒の健康・体力を保障する指導計画と実践力、指導力と授業力、児童生徒が伸びゆく姿を評価・見越すこと、及び指導者としてのプロ意識）が置かれる。さらに②より専門家としての3つの基準（修士レベルの基準：学習者と指導者が共に成長することを理念とする指導計画立案力、指導力、及び自己学習力）が示される。

「21世紀のスポーツ指導者」　日本体育協会は「21世紀のスポーツ指導者」（2012）において「望ましい公認スポーツ指導者」を以下の10点にまとめている。①コミュニケーション・スキル、②スポーツマンシップとフェアプレーに代表される道徳的規範、③選手による明確な目標設定の支援、④スポーツに親しむきっかけと機会の提供、⑤その継続化への支援、⑥スポーツを通じた仲間づくり支援、⑦日常生活にフィットしたスポーツとの関わり方の提供、⑧長期一貫指導システムに沿った選手の個性、発達、技能に応じた最適な指導、⑨スタッフ間の連携・協力体制の構築とし、選手への最適な練習環境の提供、及び⑩自己研鑽に常に努め、社会に評価される指導者を目指すこと。

現在文科省の「スポーツ指導者の資質能力向上のための有識者会議」により、指導と体罰の線引き等が議論されている。部活動指導における体育とスポーツの明確な位置づけの議論は少ないが、児童生徒の健康体力に対するナショナル・ミニマムを保障するとともに、「選手第一」を尊重する「スポーツ権」理解とその保障に向け、各々の役割と責任を改めて問い直す段階にある。皮肉にも体罰問題は上記の倫理規範と正反対の「指導」が暴かれたが、行動規範に実効性を持たせる制度上及び点検・評価上の仕組みづくりが必要である。

▶コーチ教育プログラム

　米国の心理学者SmithとSmollら（1979）は青少年のスポーツを通じた有能感向上に資するコーチ教育プログラムを開発した。彼らの開発したCET（Coach Effectiveness Training）はユース年代を指導するコーチを対象とし、チームづくり、有能感形成、そして具体的かつわかりやすい指導が行われるよう、設計されている。このプログラムの基本原理は認知行動療法に立脚しており、CETを通じてコーチ自身の行動への気づきを高めることで、選手によるコーチ行動の理解、そして指導成果への見通し、が促される。CETによって、結果（勝利）が全てと短絡することなく、「努力は選手を裏切らない」ことに価値を置くよう、指導者の選手観・指導観の内面の変化を芽生えさせる。予備研究では、コーチは予想以上に自身の行動への振り返りが少なく、選手への影響度にも関心が払われていない、という事実が見つかった。またコーチ行動は3つの次元（専門的指導、励ましと賞賛、そして矯正や懲罰）に分類されるが、選手の納得が得られない「指導」は逆効果で、誉めることは大切だが多すぎても少なすぎても無効であった。以上よりコーチ教育の要諦は、コーチが自分の指導を省察し、受け止めること（自己一致）であると予想された。

　CETを通じて学ぶべきコーチ行動指針の中核には5つの基本原則がある。

① 選手の全人的な発達に指導の力点を置き、努力の最大化と一歩ずつ前進することを重視する。特に若い選手には楽しさ体験、チームに所属していることの充実感、技能を学ぶこと、有能感を高め、失敗への恐れを減らすこと、に留意する。
② 選手と指導者が互いに信頼関係を築けるよう肯定的な関わりを図ることである。例えば、失敗の矯正や除去にとらわれず、「誉めて伸ばす」アプローチと言い換えられる。CETが理論的基盤を置く自己一致（congruence）の考えによれば、自信のない選手ほど向上への欲求は高いため、肯定感を高める指導は重要で、信頼感の形成にもつながる。
③ 「一人はチームのため、チームは一人のため」の意識形成であり、これはチームの凝集性と専心を高めると同時に、コーチ自身がその役割モデルとなることも求める。
④ チーム内での役割や責任の遵守は、失敗や違反を罰するよりも、チーム力を高める上で効果がある。
⑤ CETを学んだコーチは、自身の行動を見つめ、振り返ることを習慣化する中で、自身の振る舞いへの気付きが高まっていく。

　代表例の1つに少年野球指導者へのCET適用事例がある。プログラム受講後、選手によるコーチへの評価は以前より肯定的な回答が増加し、彼らもコーチからの指導を受け入れるようになるとともに、チーム内の雰囲気も改善した。これはCETを受講しなかったコーチには起きなかった変化だった。一連の研究を通じて、CETを受講したコーチの指導の下、指導にビクビクすることなく、選手たちは伸び伸びとプレーし、部からの離脱者が比較的少なくなった。

　「名選手、名指導者に〜」との戒めのごとく、指導者には選手・学習者の理解、専門的知識の理解、教授法・指導法の理解、そして自身への省察を含む指導者理解が常に求められるが、現状ではそれを促す仕組みと誘因に欠け、個人の志の高さに依存する。「指導者は背中で語る」を盲信せず、選手・学習者の個性とニーズの多様化する中、目の前の選手になにを（内容）、いつ（文脈）、どのように（教

授法）教えるか、について古くて新しい問い直しと、指導力の基準化そして標準化が必要な時期であるのかもしれない。

▶スポーツとガバナンス

　CCES（カナダスポーツ倫理センター）の「スポーツの発展を妨げる6つの脅威」(2011)によれば、暴力、ドーピング、および模範となるべき選手・指導者の失態、を挙げる。スポーツから不適格者を排除する仕組みについて、同機関はコーチの倫理行動綱領を定め、広範囲かつ詳細に禁止事項を規定する（文科省, 2012）。禁止事項にはドーピング、違法薬物の使用、セクハラ等の性犯罪、暴力、八百長など競技不正行為、その他過去7年間に刑法犯の関与などある。競技統括団体（NSO）は一競技に対して国を代表する一団体のみを認定する。「認定」という入口だけでなく、ガバナンス（組織の統治）強化の実態があるか否か、団構成員一人ひとりの「信頼性」が問われ続ける。すなわち、認定と補助金交付という「アメ」と引き替えに、4年ごとの認定更新とNSOからの排除・補助金不交付という「ムチ」によりガバナンスを実効的に機能させる。信用の失墜、運営資金の途絶、組織と試合からの排除はスポーツ団体の「死刑」に相当する。カナダのNSOの仕組みの洗練性は、'88年ソウル五輪でのベン・ジョンソンのドーピング違反による金メダル・世界記録剥奪事件の苦い教訓が活かされている。

　例えば、日本の野球界は戦前の「野球害毒論」に曝されてきた歴史、そしてプロ・社会人・学生・軟式の4組織が独立して組織・運営される経緯より、別組織による干渉を過度に嫌う。高校の統括団体は高体連が主だが、甲子園の「高校野球」は高野連が統括する。体罰を容認する野球指導者は6割を超えるが、指導方針では「心を育てる」が8割を占める（朝日, '06.6.5）。現状ではスポーツを通じた子どもの成長という願いは共通だが、それを保障するガバナンスは未整備であるゆえ、スポーツ団体のガバナンス強化、一元的に選手・参加者の声なき声をくみ取るために独立性と利便性の保たれた恒常的な相談・仲裁・紛争処理体制の整備と、組織及び指導者の倫理・行動を点検する独立機関の早急の整備が待たれる。

▶「体罰」に頼らぬ指導

　養育者による体罰は子どもの発達にいかなる弊害をもたらすのか。米国小児科学アカデミーによる「しつけ指針」(1998)によれば、適切な養育者と子どもの関係性構築には、①肯定的で支援的な関係性の構築、②肯定的な行動を評価し助長する道筋の構築とともに、③期待と反する行動の除去や低減の手段を2点挙げた。第1に、やりたいことをする権利の遅延（タイムアウト法）またはその取り上げが推奨され、その際「何が問題で、その結果どんな間違いが起きるか伝える」、「同じ問題への一貫した対応」、「何を為し、何を正すかについて、頭ごなしでなく泰然と諭す」、など留意する。

　第2に懲罰（punishment）の濫用を戒めている。①叱責は問題の低減には一時的な効果をもつが、分別なく当たり散らすと逆効果で、さらにタイムアウト法とのない交ぜは効果を損なう。決して人格を攻撃することなく、問題の行為のみに言及する。②体罰について、平手打ちはタイムアウト法より効果は薄く副作用が甚大、問題行動への（表面的な）即効性はあるが、その行使には慎重を期すこと。体罰への依存が深まるほど、その強度が上がり、怒りの安易な解消法として悪用され、より深刻な虐待への導火線となる。体罰が日常化すると、幼少年期の子どもの攻撃性が高まり、他の有効なしつけ手

段の効力が損なわれる。発達的には体罰の被害者が加害者側に回る。

[まとめ]

「弱くても、勝てます」（髙橋秀実，2012）の舞台である超難関校の野球部監督の青木氏は、「大人は部活動に教育的な意味を持たせようとするが、私は全くないと考える。野球がしたいという自然な欲求を持つ子どもと一緒に、野球をしたい大人が集まってボール遊びをしているだけ。やってもやらなくてもいい。嫌ならやめてしまえばいい。ただの無駄というよりは『偉大なる無駄』。今の学校教育や社会の風潮は、すぐに役に立つことだけを効率的にやらせようとする。何が子どもにとって役立つことか私には分からない」（エコノミスト, '13.2.19）とインタビューに答えた。またサッカーの名伯楽、故長沼氏は「ミュージックを『音楽』と訳した人はすごいよね。スポーツも体育ではなく『体楽』と訳されて日本に紹介されていたら、今とは違ったものになっていたんじゃないかな……」（日経, '13.1.25）と語った。

指導者には在任期間のうちの一年だが、生徒・選手にとって二度と戻らぬ「一年」となる。Baumeister（2001）は、自身が脅威に直面したとき、か弱く不安定ながらも肥大した高い自己評価を持った人は、下方修正するのではなく相手に殴りかかる、という逆説を説いた。子どもの動作発達と同様に「ままならぬこと」（不如意）がスポーツの本質にあるのではないか。不如意のあるがまま「体育」の古層なる脅しと恐怖の「罰の体系」による「指導」を放棄し、スポーツ本来が享受する本質を「遊びを共にする者同士」が共有できる余白と寛容さが望まれる。

（付記）本稿は既刊の論文（高井：季刊教育法，175, 92-97, 2012）の内容を一部再構成し、執筆している。

<引用文献>
(1) CCES『Code for Prohibited Conduct in Sport』
(2) 文科省『スポーツ政策調査研究調査研究成果報告書』、2012
(3) Smith RE、Smoll FL et al『J of Sport Psychol』1、59-75、1979

第Ⅲ部

インタビュー

INTERVIEW of True Instruction

野球
智辯学園和歌山高等学校 野球部監督
高嶋 仁氏に聞く

高嶋 仁（たかしま ひとし）●プロフィール
　長崎海星高校時代に全国高等学校野球選手権大会に出場。日本体育大学卒業直後、智辯学園高校でコーチ、監督を務め、その後、1980年に智辯和歌山高校の監督に就任。監督歴40年を超え、甲子園出場は春夏合わせて33回、3度の全国制覇を誇る（甲子園通算勝利63勝）。現在、智辯和歌山高校野球部監督と学校法人智辯学園理事職を兼任。

桜宮高校の体罰問題について、率直な考えをお聞かせ下さい。

高嶋　難しい問題ですが、選手を叱る時には、選手の逃げ道を塞いだらあかんです。怒られてもその子にはいいところがあるわけですから、その逃げ道だけは作ってやらないと怒った意味がないですよ。恨みが残るだけです。例えばうちでキャプテンを怒るとして、お前のせいでこうなったと怒るけれど、怒った選手のいいところをパッと口に出して、「お前がしっかりせんとチームがこういう具合に傾くんやで」という具合に逃げ道を設けておくのは必要やと思うし、自分はそうやってきました。桜宮の場合には、逃げ道がなかったんじゃないかなあ、その辺が残念やなあと思います。

　怒る時って、自分の感情から出る場合が多いんですね。これだけ教えとんのに分からんのかって。その時にもう一歩踏み込んで、怒られた選手はどう受け止めるのか、受け止める側のことをちょっと考えれば、また違った怒り方があると思うんです。僕自身も過去に3ヵ月ほど謹慎しましたが、その時に強烈に感じました。日本の今までのスポーツ界は昔の軍隊意識、スパルタ的指導で体罰に関して暗黙の了解がありました。しかし、現在はそれが許されなくなってきているんやから、指導者自身が色々勉強して変わっていかなあかんですよ。

監督は長崎海星高校のご出身で、投手兼外野手として1963、1964年の全国高等学校野球選手権大会に出場されています。高校卒業後は日本体育大学の硬式野球部で、4年生の時には主将を務めていらっしゃいますね。選手時代、体罰やしごきは時代背景としてはまだまだ根深くあったと思いますが——

高嶋　僕が長崎海星に入った時には新入部員が100人以上入部しましたが、毎日、練習が終わってからしごきです。当時はそれが当たり前でした。卒業する時に残ったのは10名です。しごきに耐えられる選手だけが残ったんです。

　そういう意味では、大学の方が楽やったです。辞めていったのは高校時代にあまりしごかれていなかった学校の子です。入部して3ヵ月ぐらい一緒にやった子がしごきに耐えられずに辞めていく。そのような状況をつくりだした上級生に対して、「野球で勝負せえ」という気持ちが強かったですね。

　僕がそういった暴力や体罰に耐えられた背景には自身の生い立ちも関係ありますね。僕の家は大学に行けるような家庭じゃなかったんです。高校も親の願いとは違う。当時は男の子やったら工業高校へ行って就職するのが普通で、五島列島から出て海星で野球をやらしてくれ言うのは普通とは違う。辞めたい気持ちもあるけれど、辞めたら帰れないですよ、親に無理言うとるわけですから。だから先輩に対しても、お前らみたいな根性には負けへんって、その気持ちでやってきましたから、先輩にしごかれたことに対しては別に何とも思ってないですね。僕が勝てるとしたら、そういうしごきを何とも思わない、

それしかないと思って向かっていきました。

日体大時代、監督は4年生の時に主将をされていましたが、その時のしごきの経験は？

高嶋 何かあって3年生を2時間も3時間もランニングをさせたぐらいです。僕は自分がやられたことは絶対やらないと。

指導者になられてから、智辯学園高校から智辯和歌山高校に転任されて、春の選抜と全国高等学校野球選手権大会で1度ずつ優勝、選抜では2度、準優勝されていますが、2008年9月に部員2人に対する暴力事件によって3ヵ月の謹慎処分を受け監督を退任されました。
そのあたりのお話をお聞かせいただきたいのですが──

高嶋 手を上げたのはその時だけではありません。1度や2度じゃないです。言ったことができないもどかしさがありましたから。でも、最初に言ったようにフォローだけはちゃんとしてきたんです。

　手を上げた選手の家に足をはこび、謝罪も含め、「こういう理由で手を上げました。これがあかんのやったらどうぞ理事長や校長に言って下さい、いつでも辞めます」と言うわけです。親御さんは「先生、そんなこと言わんともっと言ってくれ」って必ず言って下さいました。

　2008年の時は、1年から甲子園に出ているエースがチームワークを乱したんです。みんな勝つためにやっているのに、個人プレーにはしり、チームプレーを乱したわけです。

　個人プレーでも押さえたらいいんですが、打たれる。甲子園で1イニング10点取られて、帰ってきて3回も4回も同じことやっとるんですよ。「みんな勝つためにやっとんのに、己の自己満足のために野球やっとるやないか。他のナインにどない申し訳すんねん」って言って。その子のためやなしに、他のナインのためにどうしても辛抱できず、体罰にはしってしまいました。

3ヵ月謹慎されて、その間に四国のお遍路に出かけられていますが、その時にはどのようなことを思っていたのですか？

高嶋 謹慎処分を受けてから、もうこのあたりで辞めるのがちょうどええなと思って、辞表書いて智辯

学園の理事長のところに行ったんです。理事長っていうのはお坊さんなんですが、いきなり「四国を歩いてこい」って言うんです。最初、何のことか分からなかったんですが、既に僕の考えは見透かされていたんですよ。「お前の考えていること言うたろか、ここ辞めて北海道から九州の強い学校全部見て回ろう思うとるやろう」と。その通りやったんです。

「それもええけど、四国でも自分一人で歩いて何かを感じた方がよっぽどええん違うか」って理事長は言うんですね。その時に自分は両足とも半月板を損傷していて、ちょっと歩けませんって言えばええのに、いいですねって言うて、歩かなあかんようになった。経緯はそうなんですよ。それで1週間ほどトレーニングして、一番札所の鳴門から歩き始めました。

それまで野球しかやっていないですから、3日目には足にまめができるし、膝から腰から痛くて痛くて、徳島を抜けるまでは死ぬかと思いました。それでもだんだん体が慣れてきて歩いているうち、明徳義塾の馬淵さんをはじめとした四国の名監督たちに、食事に誘ってもらったり、練習を見に来てほしいと連絡をもらいました。その心遣い、支えがありまして、なんとか四国お遍路の88ヵ所回りきれたんですわ。

高嶋監督の人間としての芯というか、深みが伝わってくるお話ですね。
お遍路の前と後、謹慎前と後ではどのような違いがありましたか。

高嶋 180度変わりました。一言で言えば、辛抱する、慣れるということです。

自分が慣れたから動けた、辛抱したから回れた。41日で回れたんです。回っている最中には、納経帳を書いてもらうのに、団体客が来ると30分ぐらい待たされることもありました。お寺の人も疲れていてものすごく機嫌悪いんですよ。ちょっと待てよと、俺30分待たされてそんな応対はないやろと、その時は思うんです。でも、あ、これが修行か、修行ってこんなもんや、こんなんで一々頭にきとったらあかんわと、だんだん慣らされていくんです。勉強になりました。辛抱する、慣れる。指導者はいかなる時も踏みとどまらないといけないんや、この野郎って手や足が出るところをぐっと踏みとどまる。それができるのが指導者だと。

チームが強くなって甲子園に出るようになると、「勝って当たり前」というプレッシャーもあるし、自分に指導されたいと入部してくる子もおるんですよ。責任を感じて、ついつい手を上げたくなる気持ちも起こるんです。それでも、踏みとどまると肝に銘じる。そうなりましたね。

実際の練習ではどのようなところが一番変わりましたか？

高嶋　辛抱してゆっくりと話をするようになりました。失敗した子を呼んで、前のように感情的になって怒鳴るのではなしに、「お前何で失敗したん、ここをこうして失敗した。お前は練習の時こういう癖あるわな、それがそのまま出とるなあ、こうせなあかんの違うかと思うんやけど、どない思うか」って言うんです。そういう面で変わりました。

　それから、今年で3年目になる若手が2人、コーチ（副部長）でおるんですよ。智辯の卒業生なんですが、練習のメニューも全部この冬から任せています。その2人には「厳しい言葉は言っていい。俺がちゃんとフォローしたる」って話しています。

　厳しい言葉が出るとピシッとする、僕はこれは言葉の暴力とは違うっていって思い切ってやらせています。例えばキャプテンが副部長に、「お前が悪いからこないエラーが出るんや」って言われると、ショボンとするじゃないですか、で僕が呼ぶんです。「おい、よう怒られとるなあお前、大丈夫か?」、それで救われるんですよ、そういうフォローを裏でこそっとしています。

暴力に頼らない指導を行っていくうえで、監督としてはどのようなことが大切になってくると思いますか。

高嶋　子どもの気持ちを知ること、そのためにコミュニケーションをとることやな。1975年頃だったか、智辯の監督を引き受けた頃、まだチームが弱くていつも地方大会で負けて、僕はその間に3回辞表を出したんですよ。でも、当時の校長や理事長が辞表を出すたびに「こんなん持ってくるくらいなら勝てばいいじゃないか!」「どうせ責任を取るのは監督。選手のことを知っているのも監督や。人の言うことを聞くとかそういうのではなしに、お前の好きなようにやれ」と言う。辞表を受け取ってくれない、練習は厳しくなっていく。その時に、キャプテンを中心にして「練習が厳しくてやってられない、監督にはついていけない」と言って、部員たちが練習をボイコットしたんです。そんな時、当時の部長が「監督の思いを選手に伝えたらどうや」と選手との話し合いの場を設けてくれたんです。

　そこで僕は選手に自分が葛藤したことと、自分が選手として甲子園の土を踏んだ時に感動したこと、どうしても甲子園に連れて行きたいという思いを伝えたんです。これを聞いたキャプテンは「監督についていきます」と言ってくれました。確かに嬉しかったんですが、一方で僕は自分の思いを伝えるだけで、選手の思いを汲み取ってやれなかったと気付いたんですね。つまり、気持ちが通じていなかったんです。キャプテンが練習ボイコットという行動を起こしてくれたことで、監督と選手たちの気持ちがお互いに分かったんですね。それから、子どもはどうしたいのか、甲子園に出たいのか、出て勝ちたいのか、プロになりたいのか。コミュニケーションをとって、それぞれに進むために必要なことを伝えて意識を高める

しかないと思うようになりました。

　それから、選手が育つのを見守る、結果が出たら喜んでやること。指導者は自分が一番偉いと思っているかもしれないけれど、偉いことなんかないんですよ。

　僕にとって甲子園は1回行ったら2回行きたくなる、2回行くと3回行きたくなるものなんですね。甲子園から帰って1週間もするとああ、また行きたいと思うんです。それで30回以上行かせてもらいましたけど、甲子園に行くのは選手たち、負けたら監督の責任、勝ったら選手のおかげ。割に合わないかもしれんけど、僕は甲子園の入場行進を見せてもらっただけで十分に報酬をもらっていると思ってますよ。

選手も、監督が自分を見ていてくれて、自分では気付かない癖や性格を見抜いて話してくれる、と思いますよね。智辯和歌山は部員数も少なくて一人ひとりに目が行き届いて、個人の選手としての成長を見守ることができますね。

高嶋　1学年10名なんです。スポーツコースができて、辞めたのは転校した1人だけです。うちの場合は上級生になったら全員ベンチに入れるんですよ。これが彼らの心の支えで、だから苦しくても頑張るんです。人数の多い学校に試合に行くと、試合中なのに外野で遊んでいる子が何十人もおるんです。しかも3年生で。ベンチに入れないから一生懸命になれない、そういう選手だけは絶対作らないぞ、と心に決めて自分のチームを作っています。3年生の集大成の一番大事な時期に燃えるものがない、これは絶対にダメです。ベンチに入れるから頑張る、これは一番大事なことだと僕は思っています。

**選手時代も含めて高校野球の世界でずっと勝負されてきて、甲子園最多勝利監督として前人未到の記録を作られている監督にとって、甲子園＝人生のようなものだと思います。
そんな監督にとっての、「スポーツにおける真の勝利」とはどういうものでしょうか。**

高嶋　これも難しい質問ですね。僕はもちろん、やる以上は甲子園に連れて行きたいんですけれど、究極的にめざすところは、高校卒業でも大学卒業でもいいけれど、世の中に出て、後ろ指をさされない人間を育てることなんですよ。何かの困難に当たった時に、高校時分のあの練習に比べたら楽なもんやと思って堂々と生きていけたら、僕は成功やと思っています。上司に怒られても、うちの監督に比べたら優しいわと思ったら乗り切っていける。野球の練習の中には、そういう世の中に出て生きていける術がいっぱいある。それを掴んで卒業していってくれたらという思いで野球を教えています。

例えば、僕は目配り、気配りをしなさいとよく言うんです。トイレに行った時に自分は小便だったけれども、終わったら大便の方を見なさい、もしトイレットペーパーがなかったら、すぐ入れとけと。男の人がトイレに駆け込むっていったらほとんどが大や、駆け込んで紙なかったらどうすんねん、お前やったらどうする、困るやろって。そこまで目配り気配りしていれば、世の中に出ても十分役に立つって僕は言うんですよ。

　だからうちの場合は、人の嫌がるところは上級生が掃除する。トイレは上級生、下級生は部室の掃除だけ。世の中に出て、汚い所を見てああ汚いなと思うのは誰でもそう、そこをきれいにしていったらあいつすごいなって思われる。それを2回3回、毎日やっとるとなったら、こいつは信用できるなってなる、これが大事やと。甲子園に出たことは一生ついてまわる。それを心の糧として堂々と生きていってほしい。そのためにどうしたらいいか、僕はそういう気持ちで指導しております。

甲子園の最多勝利監督である高嶋監督がそうおっしゃられるのは、すごく大きいと思います。もちろん勝たなければダメだというベースがあった上で、それだけではないということですね。

高嶋　野球の練習でも辛いことはたくさんあります。うちでは試合前に2時間走るんですよ。それから試合。負けたら1試合目と2試合目の間にまたランニング、つまり最悪の条件で試合させるんです。最悪の条件で負けたとしても、いい試合ができたのならば、体調がよかったら絶対負けることはないです。トレーニングの中身も厳しいとよく言われるんですが、夏の大会は40度近い所で約1ヵ月半の間に12試合勝つと甲子園で優勝なんですよ。地方で6試合、甲子園で6試合。だから40度近い所で12連勝する体力づくりをやっているわけです。

　12試合をたたかい抜く体をつくるために腹筋と背筋2000回、走り込みは100本、これは僕の中では当たり前なんですよ、やる方は大変ですけれどね。それぐらいのトレーニングを平気でこなすような体力がないと、甲子園では優勝できない。「甲子園の決勝でバテてバットが振れずに負けた」、これだけはやりたくない一心からです。もう一つは、高校野球の中で一番速いピッチャーが150キロ出すとしたら、うちは普段から160キロで練習している。そういうピッチャーと甲子園で当たった時に、120キロのボールしか練習していなくて、150キロのボールがきたら打てないですよ。ところが160キロで練習していて150キロやったら選手は練習よりも遅いっていって平気で打つんです。僕にとって練習というのはそうなんです。

　僕は長崎海星に入って2年生、3年生と夏の甲子園に行けたんですが、2年生の時、初めての甲子園で入場行進をした時には足がガクガクして、ものすごい感動を覚えたんです。そこで僕は「よし、もう一度甲子園に帰ってくる時には指導者になって帰ってくるんだ」と決めました。指導者になれるかどうかも分からないのに、そこで決めたんです。ということで今があるわけです。こういった感動は人生を

変えてしまうわけですよね。だからこそ「この感動を野球の後輩に味わわせてあげたい」、その一念で僕はまだ野球を続けているんです。

最後に、今、暴力を振るっている指導者にメッセージを送るとしたら、どういうメッセージになりますか。

高嶋 ある程度の体罰はやむを得ないと考えているのは錯覚です。暴力を振るったら効果は逆、恨まれるだけですよ。それは自分の経験からよく分かっています。

　体罰の有無で強くなったり、弱くなったりすることはない。暴力を振るう前にやることがあるやろと。目標のセッティングをしっかりしたら暴力の入る余地がないんですよ。甲子園で優勝しようと選手がやる気を出したら手を出す必要も何もない、そういうチームにしたらいい。目標の設定さえ間違えなかったら手を出さなくても絶対いけますよ。

　これから指導する方々には「指導において暴力を振るわないという強い意思と、ぶれない目標を持ってほしい」と切実に願っています。

INTERVIEW of True Instruction

ソフトボール

青森県弘前市教育委員会　08年北京オリンピック日本代表監督

齋藤 春香氏に聞く

齋藤 春香（さいとう はるか）●プロフィール
　弘前中央高校時代に3年連続で国体出場を果たす。その後、日立ソフトウェアへ入社し、1993年から日本代表としても活躍。オリンピックには96年アトランタ（4位）、2000年シドニー（銀）、04年アテネ（銅）と3大会連続で出場。06年より日本代表監督に就任し、08年の北京では日本を悲願の金メダルに導く。現在、青森県弘前市教育委員会所属。

桜宮高校のバスケットボール部の生徒の自殺問題について、率直な感想をお聞かせ下さい。

齋藤 生徒さんが亡くなられたことはとても悲しいですし、残念に思います。バスケットボールが好きで、夢を抱き、目標を描いてがんばろうと思って高校に入ったのに、自殺というかたちとなってしまったのはとても心が痛みます。周囲で支えている人たちがもうちょっと何とかできなかったのかなという気持ちもありました。どの年代の方であっても自分の可能性を信じて、好きな競技で目標に向けてがんばっていく、それはとても大事なことであって、スポーツの楽しみの根源だと思うんですよ。桜宮高校の場合にはそれがなくなっていたがために、自分に期待できなかっただろうし、可能性も見えなかったからこそ亡くなられてしまった。生徒さんに対して真逆のことをしてしまっていたのでしょう。それではいけないと思います。

　結果を出していかないと自分の仕事や生活ができないという面もあり、指導者の方も思いつめられていたと思います。学校の方針や圧力もあるでしょうし、どうしても短期間で結果を出せるように作り上げていかなければならないですから、指導者の痛みというものもあると思います。だから指導者個人の責任にしないで、子どもたちにどういうことを学ばせて、何を与えていくか、伝えていくか、そしてどうやって社会に送り届けるか、学校の組織作りも含めて全体的に変えていかないとダメだと思います。

齋藤監督は中学校から社会人までソフトボールのキャリアをお持ちですが、ご自身の選手時代には体罰やしごきを受けた経験はありますか?

齋藤 げんこつをもらったりしたことはありました。例えば誰かがミスをした時、その子だけゴツンとされるのではなくて、全員にげんこつなんです。

　ただ、ミスをしたら全部げんこつというわけじゃなくて、後ろ向きなミスというか、勇気をもってボールを捕りに行けていない、楽をしてしまって待っていて落球するとか、そういうミスをした時です。「後ろ向きなミスはダメだ、エラーしてもいいぐらいの強い気持ちで前にダッシュして捕りに行くんだ」と再三教えて頂いているのに、何度もそうしたミスをすると、チームスポーツですから、一人だけじゃなく全員にげんこつなんです。一人の選手だけずっと叱られていたわけではないし、げんこつによって「一生懸命前向きにプレーをしていこう、一緒にがんばっていこう」という気持ちにもなりました。だから体罰だとはとらえていませんでした。当時はそういう時代だったんですよね。自分はミスしていないからいいじゃなくて、チームメイトのミスを自分のことのように考えて、普段の生活の中で、練習が終わって一緒に帰ったり冗談を言ったり、悩んでいたら大丈夫って聞いたりして、その子のためにチームのために何ができるかを考える、そうしたことも学びました。

監督が指導者になられてからは、どのような言葉がけや態度で注意喚起や叱咤をされてきましたか？

齋藤 ソフトボールは団体競技ですから、自分はチームのために何ができるかを考えられる選手が多ければ多いほどいいチームが出来上がって、一戦一戦どんどん勝っていくんですね。一方で、選手一人ひとりが「私がやるんだ」という気持ちも大事。やらされているという状況は根本的にダメです。自分からやる気になっていくように持っていくことが指導者にとって必要だと思ってきました。オリンピックでは1チームが15名、全員がスターティングメンバーではないですが、選手一人ひとりが「自分はチームのために本当に必要とされている、自分自身に期待できる、がんばっていくんだ」という気持ちを持つことが私の理想なんです。

　そういう15名を作っていきたい、育成していきたいと思ってチーム作りをしてきました。ですから、一人ひとりの気持ちを大事にしていくことを心掛けていますし、そこに体罰はあり得ないと私は思っています。全ての勝敗の責任は監督にありますが、マウンドでプレーをするのは選手なんですよね。指導者が一方的に話をするだけではダメ、指導者が分かっていても敢えて知らないふりをして選手に気付かせることも大事だと思います。完璧な指導者に見えるよりは、選手一人ひとりが「私がチームを作っていくんだ！」ぐらいの気持ちがあればとても大きいと思います。

監督がそのようにお考えになったのはいつ頃からですか？　何かきっかけが？

齋藤 学生の時からです。高校の時の先生がソフトボールをやったことがない人だったんです。もともとラグビーの指導をされていた先生で、最初私たち選手は、ソフトボール分からないって、どうしようか、と不安だったんです。でも、ラグビーの精神で、みんなは一人のために、一人はみんなのためにという思いを持たれている方で、練習の初めから最後まで選手と一緒にやるんです。守備練習のノックも最初はできなくて、そうしたら練習の前後にノックの練習をして下さっているんですよ。練習の方法も高校生一人ひとりの思いを全部吸い上げてくれて、みんなの意見を聞いて下さるんです。同じ目線で話して下さる指導者ってそんなにいないじゃないですか。冗談も普通に言えるし、支えてくれる感じで、理想の先生でした。もっとうまくなりたいという願望がすごく強くなって、ソフトボールが大好きになったんです。本当に感謝しています。その時のチームメイトと先生との集まりは今でも続いているんですよ。

指導者と選手の関係性がうまくいくことは一つのキーワードですね。監督の暴力・体罰を振るわないというポリシーが今のお話の中にあると思いますが——

齋藤 選手っていっても色々いるじゃないですか。華のある選手もいれば、がんばってもなかなか芽が

出ない選手もいる。でも違う角度から見れば、皆最初は平等に与えられているものがある。それを引き出していく際に、私はノーから始めるんじゃなくて、イエスから始める気持ちでやっていくことが大事だと思うんですね。「私できないよ」じゃなくて、「できるできる、必ずできる！」という思いでやっていけばイメージも違ってきます。ソフトボールのバットは重いんですが、爪楊枝ぐらいにイメージしてみたり、毎日足腰を鍛えたり素振りを100回したりで面倒くさいかもしれない。けど、ああいうふうになりたいという理想像を描いていれば、「よし、がんばろう」って気になりますよね。

齋藤監督の指導のもと、ソフトボールに出会えた選手たちは、競技から離れたとしても、ここで培った力を色々な場で生かせると思います。
ですが、残念ながら全ての指導者が、同じ考え方を持って指導しているわけではないと思います。
こうした状況下で、例えば、他の指導者のもとで暴力を振るわれている選手から相談を受けたとしたら、どのようなアドバイスをされますか？

齋藤　非常に難しいですね。私が選手時代の時にもありました。そういう時は、聞いてあげることが一番大事だと思います。まずヒアリングですね。

　選手もショックを受けているだろうし、自分が思い描くものと現実とのギャップに悩んでストレスがたまってしまう。だからこそ、話を聞いてあげることがまず第一。同調感って大事ですから、選手に「がんばれ」と言うのではなくて、一緒にがんばっていこうよ、という気持ちで相談にのると思います。がんばれない選手もいたりしますよね、そういう時は、「がんばらなくていいじゃない」って言うことも大事だと思います。

誰かに話を聞いてもらう、受け止めてもらうことが解決のきっかけになることもありますね。監督はお話がとてもお上手ですが、監督が持っていらっしゃる対話力のルーツはどこにあるとご自身でお考えですか？

齋藤　いえいえ、話下手で色々な人から学びたいという思いでいますし、指導者って常に勉強なんだなと思っています。

　自分のルーツというか、最初にボールを手にした時、グローブをはめた時のワクワク感を大切に、初心を忘れずに私も学ぶ、いつもそんな思いでいます。

監督は 2008 年の北京オリンピックで日本チームを率いて金メダルを獲得されましたが、スタッフや選手をまとめる際、暴力に頼らない指導で大切にしたいことは何でしょうか。例えば、アテネオリンピックの後、一度チームが解散して、改めて代表選手が集まります。そうした状況下で代表監督になられた時の最初のチーム作りでは、どのようなところから着手されたのでしょうか。

齋藤　私も選手としてオリンピックに3回出て、色々なチーム作りを経験できたのですが、その経験を踏まえて大事だと思ったのは、やはりリーダーの、監督としての思いや目標です。チームとしての目標をまず立てなければと思いました。私が選手の時は金メダルという目標を立てていましたが、最後まで金メダルはとれなかったんですね。何か苦しくなっているチーム状態があったんですよ。私も含めてアテネでベテランが去りましたから、北京のチームには若い選手たちが残ったわけです。周囲からはソフトボールは北京で最後なんだから最高の金メダルをとらなきゃいけない、そういう周囲の期待やプレッシャーがあって、若い選手たちは大変ですよ。自分も経験していたので選手たちの痛みが分かるんです。

　もちろん頂点に立つことは日本チームの使命であり、大切なことですが、金メダルって物じゃないですか。監督を引き受けた時は、メダルは最後に結果としていただける物、そういう物をとるためにがんばるという気持ちではなくて、気持ちを一新してやりたかったんです。選手たちにはキーワードを変えて、「世界一」という言葉を出しました。世界一って、何か斜め45度上を見てグワーッと行くような感じがしませんか。上向いて胸張ってさあ行くよという目線が若い選手たちに必要かと思ったんです。

　それから、私自身のこれまで選手として取り組んできた全てを顧みて、自分自身に期待するという思いでやってほしいし、やらされるのではなくて、自分からやる気になってやり遂げる、コーチやスタッフもみんな選手を信用して信頼する、そういうチーム作りをしたいと思いました。よく、「選手を信頼するけれど信用はしない」と仰しゃる指導者の方がいますが、私は本当に選手を一番に考えて、信用して信頼して、家族や恋人じゃないですが、振られて当然みたいな思いでいくんですね。そういう思いで選手と接して、一緒に歩んでいきながら選手を社会に送り届けていく。コーチってそういう意味ですよね。監督はチームのリーダーですから、目標をしっかり定めて、一人ひとりいいところがあるんだから、そこをもっともっと伸ばしていって、みんなで話し合いながら素晴らしいチームを作り上げていこうと思いました。

北京の会場に備えて、照明がきついということでサングラスを準備されるなど、色々考えられて、選手が常にベストな状態で試合に臨める環境をチームスタッフと一緒になって作っていかれたわけですね──

齋藤　北京の会場は、昼間の太陽並みに照明がまぶしかったんです。1次リーグの最初のナイターで、

選手が打球を見失うミスをして点を取られたんですよ。試合後のヒアリングで、どうしてあそこでミスしたのか聞いたんです。何でもいいから言ってほしい、よくしたいからって言うと、選手は一生懸命話してくれるんですね。「まぶしかったとか言い訳かもしれないんですけど……」って。過去にも同じようなケースがありましたから、対策として備えていました。チームとして何かできることはないかって一緒に考えて、サングラス（ナイター用）をかけてみようという話になったんです。まずはトライから始まって、それでよかったらどんどん取り入れてすぐに実行する。失敗した時はみんなでやらなきゃいいねって決めていく。決めた以上は、監督の責任であるし、当たり前のことですが、まず選手を第一に考えていくことが大事だと思います。

今後女性の指導者をどのような形で養成していくのか、日本のスポーツ界は重要な分岐点に立っていると思います。
選手の主体性を育てて、ソフトボールをもっと好きになってもらって、もっとうまくなりたいという気持ちを育てる指導者を育成するためには、どのようなことが大事になってくると思われますか。

齋藤　一言で言うと、相手を尊敬する、リスペクトする。指導者も選手を尊敬し選手に感謝する。互いにそういう思いを持つことが大事だと思うんですね。そうすれば双方のコミュニケーションがとれるし、お互いを思いやる気持ちも出てくる。これはチームスタッフの中のサポートスタッフも全部そうだと思うんですね。チームには監督と選手しかいないのではなくて、身を粉にしてチームのために動いてくれている人たちがたくさんおられるわけですよ。そうした一人ひとりのスタッフの人たちががんばっている姿をちゃんと見て、チームにとって重要な人たちだということを選手にも分かってもらう必要がある。みんなでやっているっていう気持ちですよね。

　女性の指導者の方はこれからどんどん出てきてほしいと思います。素晴らしい人材もたくさんおられると思うんですよ。そういった方々を受け入れられる体制作りをしっかりしていただきたいですね。

最後にお聞かせ下さい。
齋藤監督にとっての「スポーツにおける真の勝利」とはどういうものでしょうか。

齋藤　一番になれるのは本当に一握りで、二番以下の人たちがたくさんいるわけです。そういう人たちのためにも何が一番大事かということを考えると、勝敗だけではなくて、お互いにこれだけがんばれたんだとか、自分に期待できて、「よし、またがんばろう」って思えることでしょうか。そういう姿勢を評価していけば、自ずと強くなりたい、うまくなりたいっていう選手もどんどん出てくるだろうと思います。

そして、最終的には生涯スポーツとして、おばあちゃん、おじいちゃんになっても「ソフトボールやろうか」「キャッチボールだけでも楽しいじゃない」という思いを持てる、そういう心作りや人作りが大事だと思います。

　北京オリンピックでは、最後に日本が勝ちましたが、アメリカの選手もオーストラリアの選手も、みんなよくがんばったねってハグして、讃え合っていました。私はその時に平和を感じたんですよ。

　スポーツって平和で希望があって、素晴らしいんだなあって。試合では当然、色々な相手と戦ったりしますが、自分に打ち勝つことが一番大事。一生懸命がんばるプロセスを大事にして、試合が終われば相手と讃え合う、それで「よし、またがんばろう」って思う。真の勝利というのは、そうしたやり甲斐、そして生き甲斐のためにやっていくことの中にあると思います。

INTERVIEW of True Instruction
バスケットボール

帝京蒼柴学園帝京長岡高等学校　男子バスケットボール部監督

柴田 勲氏に聞く

夢を力に
柴田勲

柴田 勲（しばた いさお）●プロフィール
　小岩第一中学校（東京都大会優勝 関東大会出場）、関東第一高等学校、国際武道大学（キャプテンとしてインカレ出場）で選手として活躍。バスケットボールの指導者として帝京高等学校（東京）、日本航空高等学校（山梨）を経て、2010年4月に帝京長岡高等学校（保健体育科）に赴任。「平成25年度インターハイ新潟県予選」では新潟商業を破り、優勝を果たす。現在、帝京長岡高等学校男子バスケットボール部監督。

桜宮高校バスケットボール部の監督の体罰で生徒さんが自殺された事件について、同じバスケットボールで、しかも高校生ということもあり、選手たちや保護者、また学校でもいろいろ話題になったと思いますが、率直なご感想をお話し下さい。

柴田　「教員でもある指導者が暴力を振るって、生徒が自殺するという、あってはならない最悪のことが起きた」というのが率直な感想です。ただ、その原因には様々なことが関わっているのではないかと思います。学校や教育委員会の取り組み、あるいは、指導者を育成するための講習会……もう少し早めに手をつけていたらというような周囲の問題もあると思います。また、決して生徒の側に問題があったとは思いませんが、ゆとり教育の中で「我慢しなくてもいいよ。そんなに四六時中、競争しなくていいよ」と言われて育った子どもたちの意識の変化があると思います。例えば「体罰はいけない」という空気の中で、「殴れるものなら殴ってみろよ」などと言う規範意識が薄い子も中にはいるという話もあり、教育現場に身をおく者としては、そういう子たちを預かっていく難しさを感じています。更に今は家庭の中での親子関係もいろんな形で複雑化もしている……だから、教員一人の問題ではなく、様々な役割の人たちがそれぞれの立場で考え、スポーツから暴力を根絶するために、行動していく必要性を感じています。

監督は選手時代に体罰や暴力受けたご経験はありましたか？

柴田　選手時代は「体罰だ！暴力だ！」とは認識していませんでしたが、今の世間一般でとらえられている意味での体罰や暴力はありました。例えば、プレーがうまくいかなくて、ふてくされたり、いじけたりした時や相手選手と技術の差がある時に相手のことを舐めたようなプレーをした時に、「こんなことが我慢できなくてどうすんだ！お前、不真面目だ！」と言って、鉄拳制裁はありました。当時は殴られたことはやはり自分の練習や試合に向き合う姿勢がなっていなかったという認識でした。ただ、不思議なもので暴力があると何だかチームの空気がピリッと締まるような気がしていました。でも、チーム内で暴力が振るわれる雰囲気に慣れてくると、一度で締まっていたことも締まらなくなって、二度三度と繰り返されることになっていったことを記憶しています。

柴田監督が指導者になられてからは、いかがですか？

柴田　バスケットボールの競技に限らず、練習やゲームをしていて、例えば暑かったりすると疲労も出てくるし、相手が強ければ気持ちが萎えてきたりします。そこで、喝を入れる意味で一発ガツンとやって奮い立たせる。そんな指導者はたくさんいたと思います。正直に言えば、僕も過去には足も出れば手も出したこともあります。高校生の競技生活は、２年間＋αで、本当に短い期間で成果を出さなければならず「この生徒たちを勝たせたい」とか、「力のついた様子をみんなに見せてやるんだ」となると、手を

上げるやり方は即効性があるように感じました。実際、なかなか試合に勝てなかった時にそのやり方をして勝てたこともありましたが、今から考えればそれはたまたまであり、錯覚だったと思います。

　僕の中で心に深く刺さる経験があって、バスケットボールが好きだった選手を嫌いにさせてしまったことがありました。その生徒が言った「もうバスケットボールは嫌だ、こんな辛い気持ちになるためにバスケットボールをはじめたんじゃない」という一言は、自分の指導者としての未熟さを選手に押しつけた結果で、後悔しています。結局、自分が習ったやり方でしか伝えることができていなかったのです。自分の経験だけで指導していたらダメなんだと、その時、実感しました。

そこで、どのように変わろうとなさったのでしょうか。

柴田　監督になってから、指導の引き出しを増やす必要性を感じ、色々な監督の指導を見たい、強いチームの練習方法や参考にしたいと思うようになりました。それで、何度か他県に足を運んで試合や練習を見せてもらう中で「一生懸命頑張っているから」「真面目にバスケットボールと向き合っているから」と強豪校の指導者の方からアドバイスをいただける関係性を築くことができました。

　僕がまだ暴力的な指導から抜け出せていなかった時期に、ある監督から「君の指導には愛が足りない」とあっさり言われました。僕は「愛が足りない」って何のことかさっぱり分からなくてきょとんとしていたら、「子どもたちのことを真剣に考えてないだろう」と。その監督のチームには試合をしてもなかなか勝てなかったのです。そのチームは、選手たちがびしっとしているのですが、けっして軍隊的なチームかといったら全然そんなことはなくて、わりと自由な感じなのです。

　その監督はチームを一生懸命見ていて、指導する際に無意味に怒ることがないのです。自分の指導方法という型にはめて、はまらなかったら怒る、叱るではなく、黙って見て、必要なところでしっかりと効果的に指導するという感じでした。そうすると選手たちも「監督のいいなり」ではなく、自分で考えるようになるのです。「なるほど……こんな指導方法もあるのか」と本当に勉強になりました。そんな尊敬できる指導者の方々と出会えるチャンスがあったのが大きかったです。

お話を聞いていて、やはり対話することの大切さが身に染みます。暴力的な指導をしていた時と今では、選手との関係性やチームの雰囲気などは、どのように変わられましたか。

柴田　やはり、自分自身もそうですが、選手との関係性は変わりましたよ……いや、僕はまだ「変わる」というところまで辿りついていないですね。今でもたまに「このヤローっ!」って思ってしまう時もあり

ますし、まだまだダメです。でも、指導者として常にその危機感、つまり暴力に頼ってしまうのではないかという意識を持って、生徒や自分の指導方法と向き合っていきたいとは思います。やっぱり、生徒たちにバスケットボールが好きになって欲しいじゃないですか。だから、もっともっといい指導方法を学んで、それを取り入れながら、この帝京長岡高校のバスケットボール部のカラーをつくっていきたいと思います。

元々、体罰は当たり前、暴力を振るうことに効果があるという環境で育ってきた気質と、「これではいけないんだ」という新たな価値観とのせめぎ合いの最中にいらっしゃるわけですね。今の柴田監督は暴力を行使してバスケットボールを嫌いにさせる選手をつくってでも優勝させたいと思いますか。

柴田 いや、それだと長く続かないんじゃないですか。楽しくないと向上心も湧いてこないだろうし、教えることが現場で生きるためには、バスケットボールが好きで、本当にこのスポーツを深めてやろうとか、自分を高めてやろう、磨いてやろうっていう気持ちがないと続きません。だから、その競技を暴力的な指導によって嫌いにさせることは指導者として一番やってはいけないことですよね。だから選手の力、子どもたちの力がまずありきだと思います。うまくなろうとか、強くなろうという意欲のある子はどんどん練習して、技術も精神もレベルアップしていきます。

　ただ、同じ練習を毎日毎日やっていると、練習ではものすごくうまくなるけれども、試合になるとダメだったりすることがあります。それは練習中にスキルの面でうまくなっただけで、対応力や変化に合わせる力はついていなかったということです。だから練習メニューもポイントを変えるなど、工夫していろんなことを経験させて、飽きさせない必要があります。指導者と選手がお互いを引き出し合う中で、「一緒にバスケットボールをやろうよ。そして、練習で積み重ねたことをしっかりと出して勝とうよ」という姿勢を私自身持てるようになったかなという気がします。

お話しいただいたような意識や気持ちの変化があって、その結果として今年のインターハイ予選で新潟商業を破って新潟代表を得たと思われます。

柴田 新潟県では新潟商業高等学校が17連覇をしていて、ちょうど今の高校生が生まれる頃からずっと勝ち続けています。だから、県内では「インターハイへ行くなら新潟商業だ」という子たちが多いのは事実です。その中で、帝京長岡に来てくれて、「新潟商業に挑戦してみよう。チャレンジしてみよう」という気持ちを持って、選手が努力してくれて、結果が出たことは僕にとって大きな喜びです。やはり人って、勝って成功体験が得られて自信を得る。そして、その成功体験を基にまた次のチャレンジができますよね。

子どもたちは高校を卒業したら大学に進んだり就職したりするけれど、ずっとバスケットボールで食べていくわけではないですよね。僕は生きていくうえでは我慢するとか耐えるということを自分のスキルとして持っていることが必要だと思っていますが、我慢や耐えることばかりでは続かないと思います。どこかで成功体験ができたり、達成感を得られたりすれば、なんのための我慢なのかが分かるから、がんばれるわけです。

　だからこそ社会の中でも我慢するとか耐えることが大事なわけですが、どこかで成功できた体験があれば、人から言われたことも聞いて、チャレンジしてみようかっていう新たな方向に向かって行けると思うんです。そういう達成感が得られたのは非常によかったと思います。

今、暴力を振るっている、伝え方が分からないから手が出てしまって悩んでいますという若い指導者から相談を受けたとしたら、どのようなアドバイスをされますか？一生懸命に指導しているのに指導者に対して失礼なふるまいをする選手がいると、腹が立つこともあると思います。しかし、選手に「それは違うんだよ」と言うことを暴力を振るわずに気付かせる力が今求められていると思いますが。

柴田　僕自身は任せるところは子どもたちに任せますが、やはり気になることは多いです。今の若者は挨拶一つもできないとか、ゲームばかりやって何を考えているのか分からないって言われますが、僕らもそういうことを言われていましたよね。それに、本当に社会のルールを踏みにじるような大人になるかといわれたら、わりとちゃんとした大人になっていきますよね。あまり言いすぎても歪んでしまうこともあると思います。

　指導者に対しては、僕自身にそんなに力もないので、僕が今のような指導をしていくきっかけとなった監督を紹介するかな……「手を上げなくても何とかなるぞ」とか、自分自身の未熟さを的確に指摘してくれて、僕自身が共感を得られた方を。指導者にとって人との出会いはとても大切で、どんな人と出会うか、どんな人の話を聞いたりするかということで変わっていくと思います。変わっていくためには精神的な部分でのタフさも必要です。しかし、その人に本当に変わろうという意欲があれば、会って話を聞いて、「なるほどそんな風にやっていけばいいのか」って思える。そういう人との出会いが僕は大事だと思います。

　それから、今はバスケットボール協会が指導者育成をしっかりやっていこうということで様々な講習会を開いて、コーチングの方法とか、対話の力によって選手の潜在的な力を伸ばしていく方法論とか、学ぶチャンスが増えてきています。指導者自身が学んでいくことが必要で、学ぶことをやめたらもう指導者と呼ばれてはいけないのかなと思います。そういった中で僕が経験したように、指導者同士が本音で話せるようなチャンスが増えて、いい関係性を作れるようになるとまたいいのかなと

も思います。

暴力に頼らない指導とはどのようなことを大切にしていく指導なのか、また暴力に頼らなければ何に頼るのか、今までのお話の中で答えが出ているようですが、改めてお聞きします。

柴田 暴力に頼って勝てるのかということだと思うのです。今の時代の流れをしっかり感じ取る力が必要だし、何よりも指導者として導いていく以上は学び続けていく、自分自身を教育していく姿勢をしっかりもたなければ指導や教育はできないと思います。暴力に頼らなくても勝てる方法を学んでいかなければなりません。僕は自分自身の学びの中で、成功している人たちの本を読んだり話を聞いたりすることに結びついていくのだと思います。

　サッカーのなでしこジャパンがワールドカップの決勝戦でPKになった時に、円陣を組んで澤選手が「私、PK下手だから」と笑顔で言っていましたよね。僕は「これは負けないだろうな」って思いました。世界一になるかどうか緊迫している時に、円陣を組んで選手が満面の笑みを浮かべられる、佐々木則夫監督も澤選手もチーム全員、そういう弾力性のある関係ができているのだと。やはり、指導者がそこまで対話できるスキルを身につけて、選手と指導者がお互いに認め合っていく、そういったことがうまく重なっていくと、いい方向へ行くと思います。

**最後にお聞かせ下さい。
柴田監督にとっての、「スポーツにおける真の勝利」とはどういうものでしょうか。**

柴田 スポーツをやることの価値が目先の勝敗でないとしたら、それは自分が幸せだと感じられる生活を送れるようになることでしょうか。高校生の時に我慢や耐えることを覚えて、成功体験もして、頭も鍛えて、感受性豊かにどこからでも学びができるし、どこでも幸福感を得られる余裕を持てること。「じゃあ柴田はどうなんだ？いつも幸せか」って聞かれたら、幸せな時ももちろんあるし、そうじゃない時もありますが、それも含めて人生だと思うのです。

　この間、中国に行く機会があって、村外れの方に行ったら、20代半ばぐらいの青年がバイクに乗って荷物を後ろにたくさん乗せて、道路を走っていたんです。僕は車に乗っていてバイクを抜く時に青年をちらりと見たんです。着ている洋服もけして立派とは言えない格好だったけれど、目がギラギラしていて、生きる力を感じました。きっと「幸せですか」って聞いたら、「なにそれ？それどころじゃないよ！生きるのに一生懸命だよ」って返されるかもしれないけれど、悲壮感とか全然ないんですよ。日本では幸せなところにいながら悲壮感が漂っていたり、下を向いていたりする人が多いでしょ。幸せっていうのは自分の心や気持ちが決めるものなので、誰が決めるものでもないと思います。

だから、バスケットボールじゃなくても、スポーツじゃなくても、何でもいいと思うんですよ。何かを通して生きていく中で、心がいい方に作用していくヒントが得られて、それが自分の人生に結びつけていけるのであれば、僕はもう大成功だと思います。高校生は今、一生懸命がんばっている最中なので、そんなところは見ていないと思いますが（笑）。でも、社会に出た時に、ちょっと我慢をしたり、人から言われたことをまずやってみようっていう気持ちになることで自分自身が幸せな人間関係を築けたとか、仲間とうまくやれる方法が身についた、それが大切なことだと思います。スポーツはそんな経験を沢山させてくれるんです。

INTERVIEW of True Instruction

バレーボール

嘉悦大学 准教授　女子バレーボール部監督
ヨーコ・ゼッターランド氏に聞く

愛情、忍耐力
創造力

ヨーコ・ゼッターランド●プロフィール
　中学校、高校とセッターとして全国大会や世界ジュニア選手権で活躍。早稲田大学へ進学後、関東大学リーグ6部だったチームを2部優勝へ導く。その後、アメリカに渡り、アメリカ代表としてオリンピックに出場し、1992年バルセロナ（銅）、96年アトランタ（7位）に出場。現在、嘉悦大学准教授、女子バレーボール部監督。日本体育協会理事、日本バスケットボールリーグ理事、日本プロサッカーリーグ理事など。

桜宮高校で生徒が自殺するという事件についての率直な考えをお聞かせ下さい。

ヨーコ ニュースを聞いた時はすごく驚きました。桜宮高校は、私の同級生がバレー部に所属していた学校でもありましたし、私も数年前に桜宮高校で講演させていただいたことがあって、講演の後にバレー部に伺って短い時間でしたがすごく楽しい時間を過ごさせてもらいました。今回、事件が起こってしまったのはバスケットボール部ですが、バレーボール部もバスケ部も同じ体育館で練習をするわけですから、競技としてもとても身近に感じていましたし、このようなことが起きたというのは本当に残念でした。

　ただ、外部の人間はニュースでしか知り得ることができませんので、生徒さんが亡くなってしまった原因が本当に体罰だけだったのか、他に何か因果関係のようなものはなかったのか、そして最後には何が引き金になってしまったのか、なかなか分からないことだと思うんですよね。もちろんお子さんを亡くされた親御さんの気持ちを考えるといたたまれないですし、想像を絶する苦しみと悲しみだと思います。アスリートや選手は当然、厳しい練習に耐えて精神力を培っていかないと勝つことはできません。一方で人に対するリスペクトも必要。その間で揺れ動くものだと思うんですね。厳しさってどこまで必要なのか、多分皆さん、なかなか答えが出ないところだと思うんです。身体的苦痛を与えるというのは、私は絶対によくないことだと思っています。しかし、精神的苦痛というのは本当に受け取る側にしか分からないことで、線引きが非常に難しいです。

ヨーコさんご自身は、現役時代において体罰や暴力の経験がありましたか？

ヨーコ 私がバレーボールを始めたのは中学の時ですが、全国優勝をめざすとハッキリ打ち出されている学校でプレーしたいと自ら選んで入りました。強いチームだから練習は厳しい、休みもないということも聞いていました。自分は厳しいところに行ってうまくなりたい、強くなりたい、オリンピックに行きたい、そのために厳しい練習は必要だと思って行きました。入学する前から練習に通っていたので、先輩たちが怒られたり、ビンタされている場面も見たことがあります。ですが、その場面を見ても自分なら大丈夫、耐えてみせるって思っていましたので、入ってみてびっくりしたということはなかったです。

　入学してから半年ぐらいの間は、チームとしていいことやダメなこと、個人としてダメなこと、そういうルールを先輩から教えられました。1年生はよほどのルール違反をしない限り先生にこっぴどく怒られることはなかったんですね。半年経ってチームに馴染んできてからルール違反をするようだったら、もう分かっているはずだから、と容赦なかったです。誤解される言い方かもしれませんが、殴られたり怒られたりするのは自分に非があると思い込まされるのではなくて自分で思ったんです。先生に怒られる時って分かるんですよ。何度も何度も繰り返し言われているのに約束を守らないとか、これは怒られるって覚悟をしているとバシッとくる。

　もちろん、叩かれるのは嫌でしたよ。覚悟はしていてもやっぱり痛いものは痛いですし。その時に、

叩かれないため、怒られないためにはどうしよう、自分がうまくなるしかない、ちゃんと言われたことを守るしかない、そう思いました。また、恩師である先生は、怒られても「この先生についていこう」と思わせて下さる方でしたね。例えば週末にはたくさん練習試合をしていたのですが、先生が試合のデータをまとめて、月曜日の午前中にはそのデータを全員に配られるんです。誰がチーム決定率1位か、誰がサーブの返球率が1位か毎週毎週出てくるんですね。月末には1ヵ月分のデータが出て、サーブ賞とかスパイク賞とか出されるんですよね。ただ感情で怒るだけでなく、厳しさの中に「育てよう」とする「気持ち」を感じていました。だから私たちも納得せざるを得ないというか、納得するんです。先生に怒られるのは嫌だけれど、でも先生は、こんなに一生懸命にやってくれるよねって子どもなりに感じました。お任せします、ってお母さん方にも信頼されていたと思います。父母会の結束も固かったですし。

　高校に進学後、バレー部に入って1年経った頃に監督が変わりました。着任後まもなく、その監督に同級生がひっぱたかれたりとか、蹴られたりとか、襟を掴まれて引きずり回されたりとかありました。殴られた子の中には練習試合が終わった直後に殴られてすごく調子が悪くなり、貧血を起こしてフラフラになっていたんです。それでも監督は襟首を掴んでシャワールームに引きずって行って頭から水をかけて…。もう見ている私たちもどうにもできない状態でした。仲間が滅茶苦茶にやられている時に、何度、椅子をその先生に投げつけて、後ろから跳び蹴りをして、その選手を連れてどこかに逃げようと思ったことか。でも、もし選手が暴力で訴えた場合には、理由が何であるにせよこちらに非があると思われる。問題になったらバレー部は試合に出られなくなるかもしれないから、何とか我慢をしなくてはと思いました。それでも頭の中では何度も跳び蹴りしていました（笑）。

　私には中学校時代の経験がありましたから、この先生は単に負けた、変なプレーが出たって腹を立てているだけ、感情的になって殴ったり蹴ったりしているだけの人なんだ、って思いましたよ。この人ってこんなことして何になると思っているんだろう、と心の底から軽蔑しました。それから、先生とは口もきかない、完全に無視したんです。そうしたらある時、何か言われてフンって言って後ろを向いてサーブを打ちに行ったら、灰皿を投げつけられたんですよ。クリスタルの灰皿が私の足元に落ちて砕け散ったということがありました。もし私に当たって怪我でもしたらどうするんだろうって思いましたよ。こんなことをして人を脅かしているつもりなんだろうけど、私には何の効果もありませんでしたし、腹も立ちませんでした。

今、暴力や体罰を受けて悩んでいる子どもたちに対して、アドバイスをするとしたらどのようにされますか？

ヨーコ　大怪我をさせられそうだとか、生命が危険にさらされるということであれば、その場から遠ざかるべきなのは当然でしょうけれど、自分が部活を辞めた時、先輩や仲間にどう思われるか悩むと思うんです。私だって我慢しているんだからっていう先輩や、辞めないで一緒にやろうよっていう同級生もいて、気持ちが揺れ動くでしょうね。でも、自分は好きでこの競技をやっている、そういう気持ちであれば、環境を変えてしまってもいいと思うんですね。学校も辞めてもいいと思うし、違うチームに行ってもい

いと思います。日本は狭いから、あの選手は前のチームでこうだったからチームを代えたとか、色々言われるでしょうし、新しい環境に移って孤独になるかもしれない。けれど、そういったことに耐え、そこから打開策を見つけ得る強さを身につけていくことも人として生きていくうえで必要じゃないかしら。

　私は高校の時に、仲間と一緒に監督から暴力を受けていて、この人の下でやってもチームも強くならないし、自分もうまくならない。そんな理不尽なことの繰り返しでは時間の無駄だし、オリンピックにつながる道でもない、もう辞めて他の学校に行こうと思ったんです。でも、勝手に辞めるわけにはいかないから、中学校の時の先生ともうお一方、高校の監督の指導者に当たる方のところに相談に行って、「大変不本意だけれども、このままだと選手として成功への道も多分ないだろうし、大事な時間を無駄にしたくない。自分はチームとしても勝ちたいと思っているけれど、ここでは無理です」って説明をしたんです。結局、相談に行った方々が間に入って下さって、それで初めて暴力がやんだのです。

　選手って立場が弱かったりするんですよね、特に子どもは。でも、指導者には必ずその上の指導者もいますし、学校でも教頭先生や校長先生がいたり、教育委員会があったりします。いきなり辞めてしまうのではなくて、外部の方に相談すること、その時に、ちゃんと筋道を立てて説明をすることが大事だと思います。相談は大事ですね。

ご自身が指導者になられてから、暴力や体罰の経験はありましたか？

ヨーコ　ありません。自分がされて嫌だったことは絶対にやらない、確かに中学の時は叩かれても納得していましたが、痛いのは嫌でしたから。指導者になってからは、人を殴ったり蹴ったりした時の自分の手や足に残る感触を想像することすらおぞましくて、そんなことは一生経験したくないって思いましたから。

ヨーコさんは、大学を卒業される直前にアメリカに渡られて、アメリカ代表選手として活躍されましたが、ヨーコさんが経験されたアメリカの指導方法について教えて下さい。

ヨーコ　私が身を置いたのはナショナルチームだけですが、もちろん厳しいコーチや指導者はいました。しかしナショナルレベルでは身体的な苦痛や暴力、いわゆるフィジカルアビューズ（身体的虐待・暴力）はありませんでした。もし、フィジカルアビューズをした場合には大ごとになります。現場にいられなくなるし、場合によっては訴えられることもあると聞いていました。ナショナルチームのコーチの中には、日本や中国などアジアのチームで練習が厳しくて選手が泣いている様子を見て、選手を一人の人として扱ってないというイメージを持っている方もいらっしゃるようでした。

　特に私が在籍していたチームの監督は、選手を人として対等に扱う方でした。コーチも選手もオリ

ンピックで金メダルをとるという目標に向かっている一つのグループで、その中でそれぞれがそれぞれの役割を持っていると考える方で。外国だから日本と全然違う、ということはないと思いますが、発想として東洋的な師弟関係や主従関係を求めることはありませんでした。

暴力に頼らない指導とはどのようなものなのか、暴力に頼らないとしたら、指導者が何を大切にして、選手たちにどのような手段で、自分の思いを伝えていったらよいでしょうか。

ヨーコ 指導者として現場を経験しながら、選手から色々な課題を与えられた時に、そこから学び、課題の解決方法を探っていくこと。そのために勉強をして知識を増やしていくこと。指導者側が選手から課題を与えられるという考え方って大事だと思います。この人を伸ばしてあげたいと思う、その先にあるのは希望だけれども、暴力に頼ってしまったらホープレスですよね。暴力の先に希望はないと思うな。例えば、技術一つをとっても、どうしたらうまくなれるのか、どうしたら課題を解決して次の段階に行けるのか、それは指導者と選手との共同作業です。いくらヒントやソリューションを与えても、選手がその気にならなければ解決にはつながりませんよね。いくつかの選択肢や道筋を用意して、選手と一緒に何かを作っていくっていうスタンスです。そのためには指導者自身が選手を納得させる材料をいくつも準備しておかなければなりませんし、選手が納得するまでに時間がかかりそうなことは、ただひたすら我慢する。忍耐力も指導者には必要かな。選手だって、なかなかうまくならないのはどうして、って我慢していると思うんですよ。辛抱して努力したら、その先にきっと何かいいことがある、お互いに辛抱してよかったねって思える時がきっと来るだろうと信じることができれば、人はその時に向かって努力をしますよね。それが大事だと思うんです。

　それから、言葉の数、語彙を増やすことですね。相手に響く言葉って何かしらあると思うんですよ。選手にこう言っても伝わらなければ言葉を変え、話し方を変えることができる人が本当の意味でのいい指導者だと思います。私も技術論や戦術の話をする時に、小学生に「どうしてこの練習しないといけないの?」って聞かれた時に、子どもの言葉で説明できるか、いつも考えます。私の話が分かったかどうかは、子どもの姿勢に出るわけですよね。それってすごく楽しいじゃないですか。無理にやらせなくても、納得すれば人間ってやるものなんだって。そのためには自分も待つ必要があるし、待った先にはきっといいことあるかなって思うんです。自分も選手の時に、自分だけが辛抱しているって最初は思うのですが、ひたすら練習を繰り返して、このためにこういう練習が必要って指導者が繰り返し言うのを聞いているうちに、ああそうか、先生も辛抱して待ってくれているんだなって感じた時がありましたから。

　自分はそういう指導方法がいいなあって思います。そのプレー、また今日も言わなきゃならない?と思うこともありますよね。でも、試合になったら自分はベンチに座ってタイムを取る以外何もできないわけです。だから練習の時、選手に、試合になったらいいこともよくないことも出る、大体よくないことの方が多いよ、プレッシャーがかかるし、緊張感もあるし、雰囲気もある。日頃からパス1本ぐらいいいやって思っていると、試合になってそれが大事な場面で出るからね。しまったと思っても取り返しがつかな

いよね。そのために練習をするんだよって繰り返し、繰り返し言うんです。ミスは試合で出ますよね。練習の時に言われていたことを何でやっておかなかったのか、そういう後悔を試合でしないように、体験させるしかないと思っています。

最後にお聞かせ下さい。
ヨーコさんにとっての、「スポーツにおける真の勝利」とはどういうものでしょうか。

ヨーコ アメリカに行った時に、チームメイトや監督さんから「スポーツは人生の一部だ」と言われたことがあったんです。その時、「人生の一部？　分かるような気もするけれど、私はバレーに全てをかけているし」って言ったら、監督に言われました。「現役をいつまで続けられるか分からないけれど、残りの人生、あと50年あるよ。これで終わっちゃったら、あと、どうするの？」って。

　監督はスポーツ心理学の博士号を持っている方だったんですね。「ジョハリの窓」だったかな、チームに入って3年か4年ほど経ったある日に、監督から「何のために死ねますか」っていう質問があって、チーム全員で考える時間があったんですね。

　チームメイトの答えは、自分の信念やキリストの教え、家族のためっていう答えだったんですね。私は「バレーボール」って言ったんです。何のために死ねるか、パッと出てきたのがバレーボールだったので。自分はそれだけの思いを持って今ここにいるって。その時、監督に、「他の人たちがバレーボールと答えなくても、それはその人の考え方とか、価値観であって、別にバレーボールを大切に思っていないわけではないんだよ。同じ天秤にかけられるものではないんだ。人生が流れていく中で、今この瞬間はバレーボールを一生懸命やっている。でもそこから離れれば、自分の家族がいたり、子どもがいたり、あるいは自分の信念や勉強していることがあるわけで、そういうように人生は流れていくんだよ。今は人生の80年あるうちのほんの一部だよ」って言われたんです。

　今この時に一生懸命やって全てをかけたとしても、そのことが終わったら終わりではないし、そこまで煮詰まらなくてもいいんじゃないか、逆にそういう目で見た方が、何か問題が起こった時に、長い目で見たらほんの一部なんだからって思ったら、気が楽になって解決法も見つかるかもしれないってストンと自分の中にうまく収まったんです。

　全てを勝ち負けにかける、勝たなければ何も残らない、敗れてしまったら何も意味がない、自分は落伍者だという意気込みでいるのって、自分にかけるプレッシャーの意味をはき違えているような気がします。負けた中にもスポーツの価値がある、何もないわけではなくて、何かしら必ず残るはず。長い目で見た時に、スポーツをやってきて本当によかったって思える場面が来ること、スポーツをやっていて得られるものがある、何かを培っていくことができる、人生の中での勝利の場面につながるものがある、それがスポーツの真の勝利かなって思います。

INTERVIEW of True Instruction

ソフトテニス
早稲田大学 教授　子どもの権利条約総合研究所代表
喜多 明人氏に聞く

自分のことは
自分で決める
喜多 明人

喜多 明人（きた あきと）●プロフィール
　中学校、高校とソフトテニス部に所属し、インターハイに出場。早稲田大学卒業後、立正大学教員を経て、現在、早稲田大学教授。子どもの権利条約総合研究所代表、子どもの権利条約ネットワーク代表など、教育学、子ども支援学専攻。子どもの権利研究の日本の第一人者。

今、スポーツ界はスパルタ教育と体罰・暴力問題で揺れています。喜多先生はどう感じていますか。

喜多 スパルタ教育によっていい選手を育てたい、という考え方は、僕らの若い頃は当たり前にありました。実は、僕が中学3年から高校生の頃は、東京オリンピック（1964年）の時代で、「俺についてこい」の日紡貝塚の大松監督がヒーローになっていました。僕自身は当時、都立高校の軟式庭球部にいました。そこでスパルタ教育に疑問を持ち、違うスポーツの生き方を模索していた。その経験が、今の自分を作っている。極端な言い方をすれば、高校時代のテニスの経験が、今の教育学、子ども支援学を研究している大学教員になるきっかけとなったといえます。

それはおもしろいですね。先生ご自身の高校時代のスポーツ経験についてお話しいただけますか。先生は、部活で体罰を受けたことはありますか？

喜多 都立高校の軟式庭球部にいたのですが、僕自身は幸い体罰を受けた記憶はありません。が、同期の仲間は先輩に結構手荒なことをされていました。合宿や強化練習中に、怠けているじゃないか、真剣にやっていないって喝を入れるような感じで。後ろからボールをぶつけられたり、ビンタもありました。あと、うちの訓練方法として、「サンイチ」といって、コートの片側に先輩が3人立って、もう片側には、しごかれる部員1人で、えんえんとボールを受けるんです。振り回されてとにかくボールを受けて、倒れるまでやらされる。そして倒れると水をぶっかけられる。サンイチっていうのが僕らの代の恐怖の練習でした。それが原因でソフトテニスを辞めて別の道に行った仲間もいます。

　僕らの代には、体の弱い仲間がいて、疲労で倒れる前にすごくゼイゼイ息が荒くなるやつがいたんです。僕がおぶって医者に連れて行ったこともあります。そういうことが何度かあったので、顧問の先生が真っ青な顔で慌てて止めに入って、これ以上やったら学校事故になるからとOBを制した。僕らは彼のおかげでOBから手加減してもらい、救われたところもあるんですよ（笑）。その頃の先生はほとんど練習にはかかわらないで見ていた。先輩、OBの縦の指導体制でした。暇な学生OBが、午前の授業中にやって来てテニスを始めるんです。現役の僕らが時々授業中に呼ばれ、授業をさぼってOBの相手をさせられました。

　でも、僕らが3年になった時、こういう伝統は引き継ぐのは止めよう、われわれは暴力によらない、いい伝統は引き継いで悪い伝統は引き継がないと話し合い、われわれの伝統の引き継ぎ方を真剣に考えました。それで、僕らの後の代はそういう暴力を使った指導というのはほとんど皆無になったと思います。

2点ほどうかがいたいのですが、一つはそういう「しごき」を乗り越えた者がレギュラーになり代表として戦うんだというような、通過儀礼的な認識が部の中にあったのかどうかということ、もう一つは新しい伝統を築きたいと思っても、例えば先輩やOBの力で潰されることもあり得ますよね。実際にどのようにして築かれたのでしょう？

＜しごき、スパルタ教育に立ち向かう＞

喜多 僕らの時代の東京の軟式庭球でいうと、数多い高校の中にあってベスト8やベスト4、決勝まで行く高校には大きく分けて2つのタイプがあったんですね。一つは伝統的にテニスなどスポーツを売りにしている私学タイプ、これが強豪チームの多数派。もう一つは受験優先で少数派だけれど合理的なトレーニングで勝ち進む進学校タイプ。僕らの時代は都立西高や私学でも桐朋高校がそのタイプ。スポーツで売っている私学はまさにスパルタ型で、毎日ともかく練習ばかりで勉強なんてほとんどする暇がない。その代わりにスポーツ推薦で大学に進学する。進学校タイプの方は、進学、受験は自分の実力でいくが、スポーツも勝ちたい。多くは中学時代に実績のある連中ですが、勝つために自分たちで考えたトレーニングでやっていこう、という意識が強かった。僕は後者の方で行こうと思ったわけです。3年の秋の都大会の時だったかな、以前から仲の良かった私学の選手と大会前にちょっとお茶飲み話をした時に、彼が「われわれはスポーツ推薦で大学に行かなきゃならない、どうしても俺たち勝ちたいんだよ」って言うんですね。「へー、そう」と何気なく答えていたのだけれど、ところが運悪くそいつらと準決勝で当たってしまった。ファイナルセットまでいき、最後までジュースを繰り返していた時に、ふっと奴はここで勝たないと進学できないって、頭をかすめたんですね。決してわざと負けたわけじゃないけれども最後に負けた。僕らは彼らのような執着はなくて、勝って勝利の味をかみしめたいだけだから、っていう意識があった。うちの高校庭球部も伝統的には、どちらかというとむしろスパルタ型に近かった。「多摩の田舎の学校で質実剛健」だったから。そのスパルタはもうやめようと。そのモデルを進学校タイプに切り替えたという感じですね。

＜喜多、自分のことは自分で決めろ＞

喜多 僕はもともと、3回戦（勝ち残りチーム128）か4回戦（64）で負けちゃう程度の力だったんですよ。高校2年が終わる春休みの強化練習の最中に、自宅でくつろいでいた親父が「明人、ちょっと話したいことがある」と言って呼ばれたんです。「お前ももう高3で大学受験だろ。うちはしがない公務員の家だから、私立の学校は無理だ。お前は国立1本で行け。そのためにはテニスなんかやっている暇はないだろう」と。僕は親にも教師にも全く逆らわないいい子だったから、「ハイ、お父さん分かりました。明日退部届を出します」って言ったんですね。僕自身はその頃、どんなに練習しても勝てない限界を感じていたし、強化練習も嫌になっていた。それで、練習中にペアを組んでいた主将のSに「もう俺今日で辞めるから」って言ったんです。そうしたら何を思ったのか彼が、突然、練習の最中なのに集合をかけて、「今、喜多から退部の申し出があった。喜多の退部を認めるかどうか、今晩みんなで話し合いたい」って言うんですよ。びっくりしました。夜に部員全員で喧々諤々の議論をして、結論は喜多の退部は認めないっていう話になったんです。当時、高校3年生は秋の大会まで出るのが部の伝統で、

受験勉強のために2年で辞めるのは敗北主義という発想はあった。しかし、浪人が当たり前の激しい受験競争の中では、「3年になると引退」するクラブも珍しくなかったから、その程度の理屈では僕は退部していたと思う。僕が辞められなかったのは、ペアだった主将Sの一言。「喜多、自分のことは自分で決めろ」。彼は、「お前が自分の意志で辞めるなら認めてやる、お前の話だと親父に言われたから辞めるんだろ、それは許せない」と。これには反論できなかった。自分の問題は自分で決める、そういう人生ってあるんだとハッとして、その「気付き」が、僕の人生の大きな岐路となったんです。

　人生で初めて親に逆らった。これは僕にとって重大事件でした。それに先輩から受け継ぐべき伝統を変えようとした。自分の意志を通すからには、結果を出したい。今までのように先輩に言われた通りの練習で3回戦、4回戦ボーイを続けているのでは意味がない。続けたことの意味があったことを証明したいし、親に言われたことに逆らってまで自分の意志を貫いたことに対して、責任が生じたわけです。それで、成果を出すにはどうしたらいいか、初めて自分で練習方法を研究して組み立て始めました。僕自身は前衛で一番の持ち味はボレーだから、自分の持っている力を生かして前衛主導型のテニスをやろうって。当時、高校のテニスは基本的に後衛主導の耐久試合（ミスの多い方の負け）で、前衛主導のやり方に対しては、先輩からもOBからもものすごく反発がありました。でしゃばっちゃいかんってね。でもそのやり方ではある程度は勝てても、優勝は望めない。僕はコートの真ん中に立って、すべてのボールを取る練習を始めました。10ミスっても11決めればいい、という発想です。その結果、4回戦を突き抜けて、東京都でベスト8に入り、インターハイにも出ましたし、東京都のランキングにも入りました。

自分の意志と力で自分を育てていく、暴力に頼らない指導の答えになりますね。

喜多　自分で自分の力に気付いて、自分の意志で自分を成長させていく、そういう自己発見型の考えをスポーツ選手の中に取り入れていけばいい選手がたくさん育つと思います。暴力や体罰、しごきによらないでもいい選手を育てることは十分可能だと思うんです。"スパルタでないといい選手は育たない"という、日本の悪しき伝統、スポーツ界の伝統的な指導観を改めていかない限り、暴力を根絶させることは非常に難しいかなと思うんですね。

今、暴力に頼っている指導者が暴力に頼らなくなるためには、指導者側の意識を変える必要がありますね。生徒たちが自分の意志と力で自己成長を遂げていくためには、指導者はどういう支え方が求められるでしょう。
待つという支援方法もうかがっていますが。

＜スポーツファシリテーターによる待つ支援、聴く支援こそ＞
喜多　待つという視点が一番大事だと思うのです。僕が経験したことは、自分で自分のよさ、力に気付

き、自分の意志でそれを磨き上げて自己成長を遂げていく、ということであり、それは誰も教えられるものではない。指導者が自分の理想像を教え子に押し付けて、型にはめて育てるやり方では、常にその指導者の限界を背負っていくことになる。生徒一人ひとりが限界を背負わないで、自分の力に信頼を寄せて、自分の意志で自己成長していくことで、選手としての無限の可能性が開けていく。そのプロセスを見守り、指導したいという教え欲を自制し、待つ支援ができるかどうか、がポイントになります。

　自分がいた高校軟式庭球部に限って言うと、僕らはそういう意味での伝統を切り替えたわけです。しかし、それで成果が上がったかというと違うんですね。今でもOBから言われるのは、喜多の代がインターハイの最後だ、お前らが練習方法を切り替えたから、強い選手が育たなくなったと（笑）。

　それは、僕らは個人的な努力で切り替えたけれども、それをサポートする体制がなかったからだと思うんです。生徒たちが自分の意志と力で自分を育てることができるような支援体制が僕らには作れなかった。そういう支援体制を作らない限り、なかなか難しいですよ。生徒たちの自分育ちを支えていくためには、スポーツファシリテーターが必要です。いわゆるスポーツ指導者ではないスポーツファシリテーターです。これからのスポーツ界に登場してサポートできるような、まさに待つ支援、あるいはちゃんと選手の意志、気持ちを受け止めていける「聴く支援」、そういう支える側の体制を作らない限り、スパルタに戻ってしまう可能性は大きいと思います。

　日本体育協会とJOCなどが出した「スポーツ界における暴力行為根絶宣言」は、僕もスポーツ界に関わっていた人間としては大変喜ばしいし、体育協会の方の英断だと思います。でも宣言をあげたということは、一つの出発点だと思うんですよね。日本の学校教育では、法律で体罰を禁止しても、戦後60年、教員による体罰は根絶されることはなかった。だから単に宣言をあげたから解決するものではない、学校の中の体育スポーツ一つをとってみても、そう簡単に暴力を根絶することは難しい。なぜ根絶されないか。一般論としていえば人権侵害だから暴力はいけないというレベルで議論するだけじゃダメなんです。スポーツ選手を育てる時に、暴力なんかいらないという指導論、暴力に頼らない指導が本来のスポーツ選手を育成していくうえでの基本だという認識がスポーツ界全体に行き渡らない限り、根絶ということは難しいんじゃないかと思います。

今年1月に、桜宮高校のバスケットボール部顧問による体罰で、男子生徒が自殺（昨年12月）したことが社会問題化しました。これについては、どうお考えですか。

喜多　体育会系の教員の体罰事件が社会問題化したのは、今回が初めてではないんですね。これまでに最も体育会系教員の体罰が深刻化し、生徒の体罰死が多発し、社会問題になったのは1980年代でした。あまりにひどかったので、生徒の人権問題だと弁護士会が動き出す。1985年に日本弁護士連合会が人権擁護大会で「学校における子どもの人権」をテーマにし、初めて問題にした。それまでは、

学校は子どもの学習権を保障する場、子どもの権利を保障する場だと予定調和的に考えられていたのですが、学校が子どもの人権、権利を侵害しているのではないか、という問題提起だったのです。その後、1990年代に入って、しごきなどの根性論が現代っ子に通用しなくなっていき、かつ子どもの権利条約が日本で批准されたこともあって、体育会系教員の体罰問題は沈静化に向かいました。ところが、2000年代以降、特に2010年前後に突然、今回のような体育会系の教師による体罰が復活し始めたわけです。

なぜ復活したのか。僕は体育会系教員を動かした政策的な背景、特にゼロ・トレランス（＝寛容ゼロ）の台頭が大きかったと思っています。スパルタ教育は、前東京都知事の大好きな言葉ですが、あくまでそれは実践論として流行していたわけで、それが下火になった時に大きく後押ししたのはこの実践を支持する政策＝ゼロ・トレランスだと思います。

＜教育におけるゼロ・トレランスの開始＞
喜多 2006年11月に、第一次安倍内閣の時の教育再生会議が「いじめ問題への緊急提言」を出しました。当時は、北海道滝川市（北海道滝川市小6いじめ自殺事件）から始まった、いじめによる自殺や自殺予告で教育界がたいへん混乱していた頃です。緊急提言を出した教育再生会議の考え方は、基本的にいじめている子どもを許すな、学校や教師がもっと毅然たる姿勢で臨めと提言し、これを受けて、翌2007年2月5日に文科省が「問題行動を起こす児童生徒に対する指導について」という通知を出し、いじめた子どもへの出席停止や警察との連携がうたわれることになります。

つまり、通知によると、学校教育法の第11条で体罰が禁止されたことによって教師は自信を失ってしまった、毅然たる態度や姿勢を示す手段としての体罰を全く否定されたことが、今の生徒に対する甘い指導になっている原因だと。だから、いじめている子どもを野放しにせずに、もう少し毅然たる姿勢を示すために「有形力の行使」も必要だと強調した。法で禁止されている体罰ではない「体罰」の容認と言っていいでしょう。

その背景には、アメリカのゼロ・トレランス、子どもといえども容赦しないという厳罰主義の政策が教育再生会議によって持ち込まれたという経緯があります。警察との連携や生徒の出席停止も、アメリカのいじめ防止法（高校生が主流で、退学、停学、刑事罰などが科せられる）の流れにある。アメリカのような銃を前提とした国でいじめを容認してしまうと、いじめられた子どもが仕返しに銃を乱射する恐れがある。だから厳罰で臨まなければならない。そのようなアメリカの特殊性を無視して、そのまま安倍内閣の教育再生会議が安易に持ち込んできた。それまでは、2000年11月の少年法改正などで中学生から刑事罰を科すような少年法制におけるゼロ・トレランスに留まっていたのですが、ここにきて「教育におけるゼロ・トレランス」が始まったのです。

〈体罰容認政策と最高裁判決が、スポーツ暴力の拡大を後押し〉

喜多 こうして 2007 年に体罰容認への政策転換がなされて、かつ最高裁が 2009 年 4 月に体罰で訴えられた教師に対して逆転無罪判決を出した。地裁、高裁は教師に有罪判決を出したけれども、最高裁は多少の有形力の行使は認めるべきという判決を出したんです。このように、国も司法も体罰を容認する流れの中で、体育会系の教師の体罰が復活したといえます。

判決が学校に影響を与えたケースとしては、1981 年に東京高等裁判所が「愛のムチ判決（水戸五中事件）」があげられます。愛情を持って真剣に指導する結果としての体罰、つまり「指導の行き過ぎ」は許されるのだ、という愛のムチ論は、今回の桜宮高校の体罰事件と重なっているといってよいでしょう。それは一人の桜宮高校の顧問教師の問題ではなくて、彼らをそうさせている背景、特に政策や司法の動きに注目しておく必要があります。

本書の編集代表である望月浩一郎先生が、「当人の指導者だけを罰して、それで終わりにする、そういうトカゲのしっぽ切りのようなことをしても、本質的な問題は解決しない」ということを言われていますが。

喜多 その通りだと思います。大阪市の場合は、橋下市長になって職員基本条例が制定された。これは教職員を含む職員への徹底した厳罰条例なんです。教職員の飲酒や体罰などへの処罰、懲戒事例などが事細かに規定されている。桜宮高校の生徒の自殺問題では、大阪市長の下で、5 人の弁護士からなる外部監察チームが調査報告書をまとめました。僕も読みましたけれど、あの報告書は、単に桜宮高校の顧問に対する処罰を正当化するための報告書でした。なぜこのような暴力とか体罰が起きたのか、事件の背景を見ようという発想は全くありませんでした。大体、報告書では体罰と暴力との区別もつけていない。桜宮の顧問がしたことは全部暴力だと決めつけている。そのうえで中身も、殴った回数が被害者の言い分と加害者の言い分で食い違うから、なぜ違うか、どちらの言い分が正しいかを調査した、という類の考察ばかり。結果的には暴力を振るったのだから処罰を受けても仕方がないということを外部監察で報告したにすぎない。なぜこのような事件が起きてしまったのか、背景をきちんと探りながら原因究明をして、再発防止策を取るという姿勢は全くみられませんでした。

先生は子どもの権利条約も含めて、子どもの権利研究についての第一人者です。率直に言って、今のスポーツ指導者の中で子どもの権利条約やスポーツ法を学んでいる方は少ないと思います。今後どのような環境を整備していくことが指導者にできることなのか、ぜひ先生の考えをお聞かせ頂きたいのですが。

喜多 大学の体育科の教員養成課程で子どもの権利条約や人権問題をきちんとカリキュラムとして取

り入れていくこともももちろん大事だけれども、こと暴力の問題で言うと、先輩後輩間の暴力の巣窟になっている合宿所や寮の生活というインフォーマルな場にメスを入れるべきです。常識的にいっても教職課程で体罰肯定の教育をやっているわけではない。インフォーマルな場での体育教師の育ち方の部分を改善していくことが一つのポイントだと思います。プロのスポーツ界もそうだったけれど、体育会系の人間は縦でつながっている、その流れの中で実は暴力的な体質が残っているということが一番大きい。インフォーマルな人間関係の中で培われていく暴力的体質をどこかで止めないと。

最後にお聞かせ下さい。
喜多先生にとっての、「スポーツにおける真の勝利」とはどういうものでしょうか。

喜多　僕や高校時代のテニス部OBも含めた仲間は、毎年秋と春にまだテニス合宿をしているんですよ。僕は63歳ですけど、上の世代が多くて、下から入ってこないから未だに皿洗いは僕の役割なんです（笑）。でもそれがすごく楽しいんですよ。みんなで今でもテニスやゴルフをしているから。スポーツをともに一生楽しんでいく仲間ができること、僕は本当の勝利はそこにあると思うんです。それが文化としてのスポーツ、人権としてのスポーツという所以だと思います。お互いに仲間付き合いをしながら楽しめる、そういう楽しめる文化としてのスポーツが位置付いた時、もちろん勝ち負けにはこだわりますよ、でも勝ち負けそのものが真の勝利ではなくて、人生において豊かな人間関係を作っていく、その中にスポーツが入ってきた時が本当の勝利だと。一生付き合える仲間ができるとか、一生楽しめる文化があるというのがスポーツの一つの大きな魅力だと思います。

INTERVIEW of True Instruction

シンクロナイズド

前シンクロ委員長・前JOC強化委員・専任コーチ
金子 正子氏に聞く

心技体

金子正子

金子 正子（かねこ まさこ）●プロフィール
　1980年から1996年まで日本水泳連盟シンクロ強化部長。1996年から2009年まで日本水泳連盟理事・シンクロ委員長を務める。オリンピックでは84年ロサンゼルスから96年アトランタまでナショナルチームを率いて合計7個のメダルを獲得。00年シドニー04年アテネでは日本選手団の本部役員を務める。08年北京では日本代表チームリーダーを務め教え子の鈴木・原田組のデュエットがメダルを獲得。12年ロンドンでは日本水泳選手団のサブチームリーダーを務める。世界選手権、ワールドカップ等数多くの世界大会でヘッドコーチ、監督を務め小谷実可子をはじめ多くのメダリストを育成。文部大臣スポーツ功労賞、都民文化栄誉賞、第1回ミズノメントールゴールド賞等受賞多数。現在、日本水泳連盟監事、ナショナルチーム特別アドバイザー、東京シンクロ監督などを務める。

桜宮高校バスケットボール部の生徒への体罰問題について、どのようにお考えですか？

金子 顧問の先生が熱血指導をされていたんだろうとは思います。バスケットボールを愛していらして、自分の理想とする選手を一人でも多く育てたいという思いに駆られていたと。けれども、自分は人を育てているということに気づかれなかった、人の育て方や愛し方、人を育てることの楽しさをご存じなかった、もっと厳しい言い方をすると、バスケットと自分だけを愛していらっしゃるのかなあというような気がしました。

　私も50年近くシンクロという競技の中にいて、40年以上選手を育ててきましたが、なかなか自分の思い通りにはいかないという局面には散々ぶつかってきました。だから顧問の先生の気持ちもわかるのですが、自分の感情が剥き出しになってしまって、相手の心の内まで分からなかったということでしょうね。自分の指導を子どもたちがどう受け止めているのか、怯えながら「僕は人間性を否定されて、みんなの前で恥をかかされている。学校に行き続けている限り、僕は逃れるすべはない、もう死んでしまった方がいい」と思っていることに、なぜもっと早く気付かなかったのか、この先生は「クソーがんばるぞー、こんなこと二度と言わせるか」と立ち向かうようなエネルギーをこの子の中に感じていたのか、とても残念に思いました。

　長年、選手を育てていて、時代を経て学校や家庭の教育が変わってきているという実感があります。「先生、うちの子はビシビシ厳しく指導して下さいね」と言うお母さんがいた時代がありました。それから何年か経って、「今、大事な時なので厳しく指導しています」と伝えたところ、お母さんから「子どもが先生に叱られると、親子でふさぎ込んでしまいます」と言われ、時代が変わったなと思わされました。子どもが落ち込んでも親が励ますという構図になっていたものが、親子で落ち込んで子どもを励まし支える力も頼りない時代となり、指導の方法も変えていかなければいけないなと感じました。今の子どもたちは母親が我が子を呼びつけにできない親子関係の中、噛んで含めるように大事に育てられています。厳しい局面に立ち向かわせるには、時間をかけて、今、何のために何をしているのかということをしっかりと理解させていかないと、すぐ折れてしまう、そんな難しい時代です。桜宮高校の暴力問題の悲しい結末、あちらこちらで聞くいじめ問題の解決策の乏しさもここに繋がるものがある気がします。

先生ご自身は選手時代に暴力を振るわれた経験はありますか？　また、先生が今までにご指導された中で暴力を振るった経験というのはありますか？

金子 選手時代は全然ありません。水中バレエといわれるようにゆったりと楽しんでやっていた時代でしたから（笑）。新人の時はお風呂に入りたいけれども先輩たちが入っていたら入れないというようなことはありましたが、暴力はなかったですね。

シンクロの世界は選手もコーチも女同士がほとんどですから、今でも若いコーチの中には第三者から見て、あんなにヒステリックにギャーギャー言って、選手に果たして伝わっているのだろうか思うことがあります。ナショナルチームの練習を取材に来た方に、「先生、あのコーチはいつも同じ子ばかりを怒ったり責めたりしていますが大丈夫ですか」と言われたこともあります。

　シンクロ競技は、選手たちは水の中で演技をしていますから、コーチの声が伝わりにくいんです。だから選手に向かって水を蹴るとか、体を拭くプラセームに水を含ませ、重くして選手に投げつけるコーチもいます。でも、私には絶対にできないです。私にとって大事な選手ですから、その大事な選手に向かって水を蹴るとか物を投げつけるなんてできません。選手の痛みを自分の痛みに置き換えてしまうし、何よりも当の選手は不快な気持ちを持つばかりで、練習でやったことを吸収できているといえるでしょうか。子どもがそんな指導をされているのを見た親はどう感じるでしょうか。

多少の暴力があっても結果がよければそれでよし、という雰囲気もあるようですが。

金子　私は長い間、日本水泳連盟のシンクロ委員長という立場にあって周囲にもそういう考え方はよくないと何度も提唱はしてきましたが、勝つことが絶対でメダル主義というところがあって、顔を背けながらも勝つためには仕方ないという部分もあったことは事実です。険しい言葉で罵倒したり、時には暴力を振るったりしながら、それでも自分についてくる選手にはいい結果を出させるというコーチがいることも事実です。ですが自分では「結果を出させているから、みんな喜んでいる」と思っていても、引退してから「暴力を振るわれると確かに上達は早い。でもその先は短く長くは続かない」という選手や、二度とこの世界に戻ってこない選手もいます。それは本当に寂しいことです。しかし、勝つためにはそれを称賛する声があることもまた事実です。

　指導方法として暴力や体罰があって当然という考え方が延々と続いていること自体が、私はおかしいと思いますね。スポーツに限らず日本の教育制度も家庭の教育も、親子関係も時代とともに変わってきている。日本は昔からこうやってきているのだからと平然と言うのはナンセンスです。技術の進化に伴い指導法も練習方法も日々進化させ、常に新しいアプローチを考えていかなければならないと思います。

先生ご自身は、どのようなお考えで指導をされてきましたか?

金子　私がコーチを始めた頃は、まだシンクロはマイナースポーツでしたから、シンクロを普及させたいくらいな軽い気持ちでスタートしましたが、大学卒業したての若輩コーチに、子どもたちは嬉々としてついて来るんです。その子どもたちの真剣な顔を見た時、コーチとはそんな生易しいものではない、こ

の子どもたちの思いを遂げさせてやらなければ、この先生に習えてよかったと思ってもらえるような指導者にならなければと思わされ、真摯に子どもたちと向き合って指導していこうという気持ちにさせられました。そしていったい自分はどういう指導者になろうとしているのか考えてみたんです。

　私は今はこのマイナースポーツのシンクロがいつかアメリカ、カナダと肩を並べて戦えるような力をつけたい、世界で戦えるような一流の選手を育ててみたい、日本人には不得手と思われたこの競技をメジャーにしていきたいと考えました。そのうちシンクロ競技もオリンピック種目に入りそうだと情報が流れると、選手たちの夢もさらに大きくなり、何としてもその思いを遂げさせるのがコーチとしての役割だと思い始めて、もう止まる時期を見つけられないまま、いつも心の中は命がけで次から次へと選手を強化し続けてきました。後3年、次のオリンピックまでもう4年と周りを説得しながら気が付いたら何十年になります。

　選手の持つ能力はそれぞれ、すべての選手に豊かな才能があるわけではないですから、その一人ひとりに対応しながらその目標へ近づけていく。難しいけれども、物作りをしているような楽しさも沢山ありましたね。育成手腕が少々長けてくると才能に溢れ、誰もが認めるような選手の発掘よりも、能力の到底なさそうな選手を自分の手で磨き上げたいという気持ちも芽生えてきました。指導者は自分はどんな指導をして、どんな選手を育てていこうと思っているのか自分の中にしっかりとした信念と覚悟を持たなければいけないと思います。若い時は選手に負けないくらいの元気さと勝つための熱情、執念、執着心を持ってやってきましたが、年齢を重ね経験を積ませてもらった今は、常に気の利いた、選手の心に響く一言を言えるようにありたいと考えています。

コーチ対選手というより選手の立場になるというか、選手と一体になる、という――

金子　子どもたちの中には髪飾りをつけて、綺麗な水着を着てバレリーナのように水の中で踊れるのかなと思ってシンクロを習い始める子もいるのですが、鼻に水は入る、たくさん泳がされるし、長時間の水の中は寒い、すぐ辞めたくなる。少しうまくなりかけてきても次々に出てくる課題の大変さや苦しさにやる気をなくす選手が多いですが、大切なことは大きな「夢」を持たせること、その夢に向かって「目標」と「目的」をしっかり持たせることです。大事なことはその目標に達した時に「やったね!」と言ってあげること。すると選手たちも「やったー」と思うわけですね。苦しい練習の繰り返しにもう辞めたいと思っていた選手も結果を得られることが一番うれしい。達成感を味わい、苦しい練習の数々に意味があることを理解できるようになる。報われる努力の大切さを知るんです。そうなるとしめたもので、やらされるのではなく、やりたい意欲とエネルギーが湧いてくるようになります。指導者とも一体感が生まれ、それは信頼となります。

　また、日々の練習の中でも色々なことがおこります。怪我、病気等選手の周りではアクシデントと思

われる出来事が突然のようにやってきます。その時にこそ適正な判断力と見識を持って乗り越える力にならなければなりません。選手個々の怪我、病気なんてめんどくさい、元気になったら出てこいでは、選手との一体感や信頼は生まれません。選手とコーチが一つになって大きな問題を乗り越えるたびに選手は大きく成長し、指導者への信頼と絆は深まります。

選手と心を通わせて信頼関係を築いていく、簡単なようでなかなか難しいですね。

金子 まだ若輩の頃は神にもすがりたい思いでいました。神様、どうか私が間違った指導をしないよう守って下さいって祈るくらい（笑）。今ここで乗り越えてやらないと、もうこの子の選手生命はなくなってしまうという場面にも何回も突き当たりました。それに私はそんなに強い性格ではないから一緒に悩んで乗り越える、その子の苦しみを一緒に背負っていく、私はそういう姿勢でいました。

ある時からもっと人の心を読み取る力が大切だと感じ始めたんですね。その時から練習中の選手の顔を見ていてもその心の状態は分かるし、後ろ姿を見ても、今日の練習に充実感を感じているのか、違和感や悩みを抱えているのかパッと分かる、闇雲な独りよがりの指導ばかりでなく、そこから指導者として得るものがたくさんありました。それが自らの指導方法を考え直すきっかけにもなったんです。相手を思いやってそこから自分も努力をしていかなければならないですから。

私は選手を叱る時、一対一で選手を呼んで「今、あなたは間違っている。私はあなたにはもっとこうなって欲しい、今ここを直さなければ……」と話しているうちに涙腺が緩んで涙がにじむことがしばしばあって、そんな弱い自分が嫌でした。ある時メダリストの選手とともに講演会へ出た時、「金子先生は怖いですか、優しいですか」という質問が会場から上がったんですね（笑）。それに答えた選手が「普段はお母さんみたいなところもあって優しいですが、先生の涙だけは怖かった」と答えたのです。「初めはハイハイ、分かっているって、ちゃんとやればいいんでしょう、なんて聞いているのですが、一生懸命の先生の目の中に涙がいっぱいたまってくるのを見ると、もしかしたらこの先生は本気で私を育てようとしている、ごめんなさい、いい子になるから一生懸命やるからと思わされていました。だからみんな金子先生の本気の涙は怖いって言ってます」と。「本気」の思いは必ず選手に伝わることを教えられました。

小谷実可子選手がメダルを期待されてソウル五輪へ旅立つ前日、練習でうまくいかなくなってふらふらになった彼女の技と心を立て直すため、あの手この手で最後の手入れをしていた私はいつの間にかウェアを着たまま水中に上半身をつけて自分の手で直す作業をし続けたんです。それは我を忘れての行動だったと思いますが、そんな私の水につかった、お化けのようになった姿に小谷選手は大粒の涙を流してその練習は終了しました。ソウルの選手村へ入ってからの彼女は今まで見たことのないような力を発揮し始め、どうしたのかとかえって周りが心配するくらい落ち着いたものでした。

2個の銅メダルをとり帰国した後に彼女から手紙をもらって、「こんな長い間先生に育てられてきたのに最後の練習のあの瞬間、このコーチは必ず私にメダルをとらせる、私は一人で戦っているのではないということが分かって涙が出て、それからというもの、先生ともう一人の私が戦っているのを見ている気分でした。何をしたらどうなるのか、そう思って見始めたらスポーツの面白さが初めて分かった」と報告されました。一生懸命の努力は一番大事な時に選手の心に大きく通じていたのです。私にとってコーチ学の宝になりましたね。

まさに暴力に頼らない指導の中身を具体的に教えて頂きました。そこには暴力の入り込む余地はないですね。

金子　暴力を振るってその選手が何日も立ち上がれず、ふさぎ込まれたりしたら練習にならないわけですから。どんな子でもその子の人格は認めなければいけないと思います。無視するという指導者もいますがそれこそ存在を認めていない恐ろしいことです。一人ひとりに必ずいいところと直さなければならないところがあるはずです。身体は大きくてなかなか使いどころはあるのですが、動作がのろくて、コーチをイライラさせる、そんな選手に「あんたは本当にうすのろね、何とかしてよ！」と怒るコーチの横から「でも○○は頭はいいんだものね、直すところは一つだよ」と軽く声をかけてやると、その一言で自信を失いかけた選手の目にやる気の輝きが生まれます。練習中、集中力がすぐ切れてしまい喋ってばかりいる選手を叱った後、帰る後ろ姿を見送りながら「いい脚してるー。世界で戦える脚だね、もったいないねー」という私に、他のコーチに先生は褒めたんですか、叱ったんですかと聞かれたことがありました。選手は「褒めたり」「叱ったり」です（笑）。

　私は人間が好きではない人は学校の先生を含め指導者になるべきではないと思っています。スポーツの指導者も「教育者」だと自覚しなければなりません。たかが一競技のスポーツのコーチとはいえ、幼少から成人まで選手生活を続けていくとしたら、どれだけ人生の基礎になる大事な時をともにしているのか、考えると恐ろしいくらい、私たちの役割は大き過ぎます。人としてきちんと話や挨拶ができ、人と協調して生きていくことを学び、優しさ、厳しさも体験し、努力すること、我慢することも学んでいきますからね。

心技体という言葉がありますが、心、技、体を強くする、鍛える、それは世界と戦うからには本当に生半可なものではないと思いますが、先生は心技体を育む、という教育者としての視点をお持ちですね。指導者でありながら育んでいく、自主性を育てていくことを大切にされていらっしゃる ─

金子　競技力を高めて目標を達成しようと思ったら、正に「心・技・体」がバランスよく備わって初めて

完成があるのではないでしょうか。もし指導信念はと質問されたら正に「心技体」と答えます。技術の指導は当たり前のこと、それの進歩に伴い体をつくり、心の成長がなければ完成とは言えないと思います。力はあるのに世界の大会へ出ると負けてしまう、メダルがとれると言われながら体調不良で、なんか気持ちがついていかなくて、よく聞く話ですよね。技術力を上げてきたら、次にはその力が発揮できる身体づくりがともに進まなければ技術力の定着はありません。どんな世界の大会でも常に平常心で自分の積み上げてきた力を発揮できる心、精神力を鍛えておかないと大きな成果には結びつかないと思います。それはごく日常の選手生活の中で磨いていくものです。

　私は長い間練習場所に恵まれず、あちらこちらの施設を借りて早朝、深夜そしてプール掃除をしながら強化をしてきた時期がありましたが、その時に育ったのが小谷・田中京など今もバイタリティー溢れる活動をしている人たちです。水深3mが試合プールですがその頃は水深1.3～1.5mのプールで練習、水には入れれば十分でした。それで日本一になりたい、世界でメダルをとろうとしたら無駄のない工夫された練習方法を考え生み出しますよね。また、時々鹿児島の鹿屋、北海道の札幌へと施設を借り歩き不自由な練習を続けていましたがそのトレーニングで得たものは大きかったですね。不思議な練習方法を沢山生み出しました。色々な方との触れ合い、状況判断力や人とのコミュニケーション、そして何よりハングリーでしたから、負けてなるものかという強い心を養え、世界のどんな大会でも恐れることがなかったです。

　今、日本ではナショナルトレーニングセンターが充実してきて素晴らしい練習環境が整ってきました。これが当然のことですが、これからの日本のスポーツ界で一番気を付けていかなければならないのは常に最高の環境で誰にはばかることなく当たり前のように練習できることに胡坐をかかないことです。逆境に打ち勝つ強い心、勝つことに純粋な気持ちを持った選手を鍛えてほしいと思います。私も毎日のようにトレーニングセンターに出入りしますが、時々トレーニング以外何の刺激もない淡々とした選手たちとすれ違い、心に引っ掛かるものがあります。お話を聞く、映像を見せて勉強をする、そんな機会もあるようですが、教科書通りにはいかないものです。本気で勝ちに行く指導者の意識、研鑽、そこから生まれる工夫のある指導が必要でしょう。

先生にとって、「スポーツにおける真の勝利」とは、その競技に出会えてよかった、人に出会えてよかったということでしょうか ──

金子　指導者というのは、選手の目的とするところに育て上げるのが役目だと思うのですが、その競技を続けてきて、色々な出来事を経験し、苦しいこともあったが本当に楽しかった、と選手が実感してくれること。メダルを頂いてその後の人生が変わる人も、人生の糧になる人もいる。メダルがとれなくてもこのスポーツをしてきたからこそ次の人生が見えてきて本当に続けてきてよかったと言ってもらえる時こそ、指導者が幸せを感じる時です。

長い年月色々なことがあるものです。オリンピックの直前に一人っ子でありながら余命僅かな父親との別れを体験した選手を導いていかなければならない苦しいこともありました。病床の父親から「何も心配していません。あの子にはシンクロと先生との出会いがあったから、よろしくお願いします」とお手紙を頂き、その重さに心が震えた覚えがあります。お手紙を力にその選手の挫けそうになる心を引っ張りながら世界選手権、北京オリンピックでメダルをとらせることができました。今マルタ島へ語学留学しながらシンクロチームを立ち上げ50人もの選手を教えています。のんびりした島の人たちに「なぜそんなに長い時間子どもたちのために熱心に教え続けることができるの?」と聞かれるので「私のコーチがそうだったからと答えています」と書物に書いてあり、少し嬉しくなりました。親よりもともに過ごした時間が長い選手がオリンピックで戦いが終わって引退していく時、「明日から先生と一緒ではないなんて考えられない。不思議な気がする」と言われながら何人もの選手を送り出してきましたが、私も彼女たちのお蔭で沢山の力をもらってきました。私のコーチ学はその一人ひとりが私に与えてくれた試練でした。

　ごく最近のことですが大変才能に恵まれてはいるが、自分の主張が顔に出る選手で、世界で戦える力を持ちながらも協調性、順応性に欠けることから性格が悪いと言われたことに傷つき、今のナショナルチームではうまくいかず、不本意ながら競技を辞める決意をした選手がいました。いったんはプールから離れたものの私のところに来て「このままじゃ辞められない」と泣くんですね、それでは次の日本選手権をめざしがんばれと励まし練習に付き合い、最後の時をジャパンオープン日本選手権で迎えました。彼女のソロに会場のスペイン、フランスの選手たちが声をからして応援、いい終わり方でした。メダルセレモニーの後、「私、先生のお蔭で、こんな幸せなシンクロ人生を味わえて嬉しかった」「これからもシンクロ手伝いに来ますね」と私にとって嬉しい一言でした。この8ヵ月のトレーニングの中でも時折めげそうになるこの選手の練習でしたが、小学生から他クラブでシンクロを始め、ナショナル選手をめざし高校時代に私のクラブへ移籍してきたこの子のシンクロ人生をきちんと締めくくってあげることが大切と思っていました。必ずシンクロをやってきてよかったと思わせて新しい人生へ送り出さなければと私にも覚悟がありましたから、ほっとした出来事でした。

　「私、先生のような指導者になりたいので勉強します」と言われる一言に、やってきてよかったと感じながら教え続けています。

INTERVIEW of True Instruction

防衛大学校 教授　ラグビー部監督
山本 巧氏に聞く

背私向公※

山本 巧

山本 巧（やまもと たくみ）●プロフィール
　早稲田大学時代はラグビー部主将として活躍。卒業後は筑波大学大学院に進学し、コーチ学を専攻。早稲田大学を経て、防衛大学校へ。現在、防衛大学校教授、校友会ラグビー部監督。（公財）日本ラグビーフットボール協会普及・競技力向上委員長など。

※私ごとに背を向けて、公のために生きる生き方
　出典：聖徳太子の十七条憲法

桜宮高校の件について、監督の率直な考えをお聞かせ下さい。

山本 この顧問は懲戒処分になっていますが、新聞などで書かれていることをよく読むと、懲戒処分の理由は、体罰が原因かと思っていたらそうではなく、体罰と生徒の自死に関係があると大阪市が認定しているからです。まずそこを押さえないといけない。この事実があったとすれば、あり得ない話です。弁明の余地がないです。親の立場から見れば、こんなことは許されない話です。親として子どもに対して自分たちが何もできなかったと悔やむと思います。でも体罰が自死の要因だということであれば、感情的にならない親はいないのではないでしょうか。指導者の立場から見ても、とても受け入れられない。どういうロジックならこの事案の指導者を肯定できるのか。僕には理解できません。

体罰は以前にも問題になったことがあり、80年代の校内暴力全盛の頃には、例えば、体育教師が竹刀を持って体罰を与える、というイメージがありましたが ──

山本 ラグビーというと昔『スクールウォーズ』というドラマがあって、体育教師＝竹刀を持って立っているというイメージが強いと思いますが、それと今回の場合は、明らかに違っていると思います。校内暴力に立ち向かう場合には、不良生徒が角材を持ってオートバイで攻めてくる、竹刀を持ってその前に立ちはだかるというのがストーリーだと思います。言ってみれば生徒指導の部分であって、現在のようなスポーツ技術の向上のためにということとは違うと思います。入口が違うと僕は理解しています。スポーツ技術の向上に暴力が必要って、あり得ない話です。叩いてうまくなるなんて絶対にありません。

監督は体罰や暴力を受けた経験は？ また、指導の中で体罰をされた経験は？

山本 選手時代に体罰を受けたことは一切ありません。親には尻をよく叩かれましたけれど。学校の先生が叩くのではなくて、しつけの部分は親がやるべきだという昔の考え方で、先生様にご迷惑をかけるなっていう教育を受けたので。

体育の授業中、学生を立たせたことがあります。それから、ラグビーはコンタクトプレーですから、集中してコンタクトの練習をしている時に、ふざけている人間がいたら危険です。ダメじゃないかと咄嗟に止めたことがあります。危険回避のつもりでしたが。

体罰かそうでないか、色々線引きが難しいとか言われていますが、僕は自分の行為に体罰はないだろうかといつも考えるべきだと思います。相手から体罰だ、ハラスメントだ、殴られたと言われたら、まずはその主張を聞くしかない。そして、事実はどうなのかを決めるのは指導者とプレーヤーではなく、中立的な第三者だと思います。

監督のご経験の中では今までに、例えば保護者からクレームが入ったとか、選手からもう嫌だと言われる、極端な話、裁判沙汰になるとか、そういうご経験は？

山本　裁判になったことも保護者からクレームを受けたこともありません。でもジャイアンなんて呼ばれています。僕は試合中、勝つことに関しては本当に貪欲ですから。負けたくないです。負けは悪だとも言います。だから学生にはホントきついこと言う人間だと思われているでしょう。

監督にジャイアンって面と向かって言える関係性って、ある種の褒め言葉的にも取れますけれど。本当に嫌だったらジャイアンって言えないと思うのですが。

山本　分からないです。それは相手の考えですから、僕が判断できる問題ではありません。逆に言うと、褒め言葉だと思いこんでしまうと危険なのではないでしょうか。自分のやり方は、いいやり方だと思い込んでずっと続けてしまうと、それこそ体罰につながっていく。持ち上げられ過ぎるのも問題ですね。これは、指導者にとっての落とし穴です。

　ラグビーの監督というのは、試合中、グラウンドから離れたところで試合を見るものです。キャプテンとプレーヤーを信頼するスポーツなのです。でも時々、グラウンドの外からついつい、こうした方がいいのではないかって大声で叫んでしまいます。そうすると、終わった後、勝ったとしても虚しさが残ります。ラグビーの尊厳を傷つけてしまった、キャプテンとプレーヤーを信頼するスポーツなのにといつも悲しい思いをする。必死さが足りないと言われるかもしれないけれど、声を張り上げてまでして勝って、指導者は虚しくないのかというのがラグビーの文化だと思います。

暴力を使っての指導、それで優勝して意味があるのか、ということにもつながりますね。

山本　そこまでして虚しくないですか、そうやって勝って優秀な監督だと言えるのですかということです。暴力は社会の中で認められていません。スポーツ指導でも暴力は絶対に認められないこと、ダメなことにしなければいけないと思います。誰だって叩かれたら痛いはずです。ラグビーは、身体接触がプレーの中心にある痛みを伴うスポーツです。痛みを我慢する、痛みを乗り越える、あるいは痛くないようにするにはどうすればいいかを技術として身につけて、チームの結束にもつなげていかなければならない競技です。でもその痛みはラグビーとして決まったルールの中で生まれる痛みであって、暴力による痛みということではない。それに、ラグビーの歴史は、暴力から非暴力へ、暴力をスポーツに変化させたという歴史的経過をたどっているわけです。ラグビーでは暴力はあり得ない。試合中に暴力を振るってグラウンドから退場させられて、練習中には許されるということはあり得ないです。ラグビーという競技

に参加する人は、ラグビーの身体接触と暴力は違うと言うと思います。暴力OKと言ったらラグビーの未来はありません。

スポーツ技術の向上において、暴力は必要ないと。

山本　必要ありません。頭を叩いても例えばパスがうまくなるわけではない。罰は必要ですよ、でも罰って体罰じゃなくて「ペナルティ」です。ラグビーでも反則すればペナルティがありますから。ダメなものはダメってはっきり言う、それが罰じゃないですか。でも叩く必要はない。

監督は現役の頃は早稲田でキャプテンをされていましたが、そのようなお考えに至ったバックグラウンドというのは?

山本　僕は小学校3年からラグビーに関わっています。小学校、中学校、高校とずっと青山学院でした。僕はクリスチャンではないけれど、礼拝（ほとんど寝ていましたが）でキリスト教に触れる機会を得ました。今考えると礼拝でお祈りをすることとフェアプレーのフェアの意味を考えることが似ていると思います。フェアとは、ルールに書かれていないことをどうするか、葛藤することだと思うのです。お祈りでは、自分の行いについて絶対的な存在者に問いかけます。葛藤の中で答えを探していくところが似ていると思います。

　早稲田では日比野弘先生に監督していただきましたし、それから大西鐵之祐先生が部長でおられました。大西先生のフェアとかアマチュアに対する考え方は、学会では色々議論があると思いますけれど、我々ラグビーをする人間からすると分かりやすい。ラグビーで、例えばボールがあって、相手の中心プレーヤーの頭がその近くにある。足でボールを掻き出すことは、ルール上問題ない。たまたま頭を踏んでしまうことがあるかもしれない。その時どうするか、葛藤して決めると言うのです。それがフェアプレーなのだと。葛藤するからこそラグビーをする意味があるのだという考え方です。もう一つ、お二人に共通しているのは、見返りを求めないという精神です。指導に対する見返りを求めないということを日比野先生は身を以って示した方で、そういうところが僕のベースにはあると思います。

　早稲田でコーチをした時、優秀なプレーヤーがいました。清宮君、森島君、前田君とか、彼らには、僕の持っていないものがあり、すごいと思いました。その時、プレーヤーたちが優秀だったので、そのすごさを認めるところからコーチングは始まるのかなと思いました。プレーヤーが、指導者自身にないものを持っていることはあると思います。それに、結果を直接出すのはプレーヤーです。プレーヤーが存在して初めて成立するのが指導者、おのずからプレーヤーの持っているよさを生かさなければいけないと学びました。

教育者としては、早稲田から防大へと、長年指導されているわけですが ──

山本 指導した学生に恵まれていたと思います。現在は、防衛大学校の学生、彼らが素晴らしい人間だから今の自分があると思います。僕は感化されています。ラグビー部に入ってくる学生でも運動が不得意な者がいます。彼らは多忙の中4年間頑張り続けて、どんどん変わっていく。スポーツだけやればいいのではなくて、学力が足りなかったり、集団生活ができなかったら学校を去らなければなりません。その中でラグビーも一生懸命やっている学生は偉いと思います。

　学生は、卒業して自衛官になっていくのですが、自衛官の中には東日本大震災の時に家族が亡くなられた方もいました。他者を助けに行って身内を探しに行くこともできなかった方もいたとうかがっています。いざという時、家族を置いて行けるかという、僕には考えの及ばない選択を求められる防大生は立派だと思っています。

例えば、監督の所に暴力を振るわれているという相談が来たら、監督はどんなアドバイスをされますか？

山本 まず事実をしっかり認識する必要があるので、自分の目で状況を見に行きます。話だけじゃダメだと思います。それから、自分がその先生の立場になって考えたり、暴力を振るわれた子どもがどうしたいのかを聞きたいです。相談を受けた時には「何をしたいのか」というところから入る。次に、事実を先生、校長先生、親御さん、関係者等色々なところに伝える、初めにすることはそういうことでしょうか。今、色々なことが起きていて、社会の関心は高まっていると思います。暴力はダメであるし、そうなってきたらそれを見過ごさない。周りが気付き、また周りがどうすればよいのかを考える。見過ごさないというのは勇気がいることだけれども、誰かを呼ぶか自分が入るか、まずは、暴力で人が傷つくのを止めることが必要じゃないですか。そのための色々なスキル、解決策を考えていく時期になっていると思います。

暴力を見逃さない、と。監督は実践されていると思いますが、暴力に頼らない指導とは ──

山本 指導者が臆病になることです。臆病というのは怖がって何かをしないという意味ではありません。指導者は、少なからず自分がやりたくて指導という場に参加していると思います。そうであるなら、やはり自己責任が前提です。自己責任であるのだから、暴力に対して臆病になるべきであるし、当然、厳禁です。そして、先ほども言いましたけれど、暴力やハラスメントは受け手次第であるし、判断は第三者がするものです。自分で判断するから「信頼があれば」などと言っておかしくなるのです。

ラグビーの指導者の養成プログラムは、ラグビーに対する知識、プレーを分析する能力、プレーヤーに伝える能力を3本の柱にしています。分析能力には技術だけではなくて、今チームがうまくいっていないとしたらそれをどのように解決していくか、ということも含まれます。そして分析したことをどう伝えていくか、プレーヤーをどう説得するかという能力が求められる。指導者の伝える力は常に変化に対応しないといけないですよね。指導者は、プレーヤーのニーズに沿うしかないと思います。若い人たちに伝わらなかったら若い人たちが分かる言葉で伝えればいいし、相手に合わせて自分のスタンスを変えてみる。変化せざるを得ないのではないでしょうか。

最後にお聞かせ下さい。
先生にとっての、「スポーツにおける真の勝利」とはどういうものでしょうか。

山本　プレーヤーが充実感を得ることです。それから、充実感を踏まえた上で、プレーヤーが、その後、自信を持てるかどうかです。自分に何ができるかを認識して、社会の中でポジティブに生きていくことができるということではないかと思います。僕は、スポーツを手段として考えているわけではないし、もちろん勝つことを目標として置くこともあると思います。でも勝利が目的になってしまったら、寂しいと思います。人間の体は衰えるものだし、世界記録は変わっていくものですから。

　勝ち負けというのは、他者との比較の中で勝っているということです。でも、それだけではなく、スポーツは、社会の中で高い競技力を求めていく人間の崇高な姿を見せるものだという考え方もあると思います。その崇高な先には何があるかというと、その人間の充実感とか生き生きとした姿であって、メダルをとったということだけじゃないと思います。人間の毅然とした何かをやり遂げた姿があるから、人はスポーツを観て感動するのだと思います。

INTERVIEW of True Instruction

バドミントン
元 JOC　アシスタントナショナルコーチ
米倉 加奈子氏に聞く

発想力

米倉 加奈子（よねくら かなこ）●プロフィール
　中学校、学生、社会人など、各カテゴリーで選手として、9度の日本一を経験。日本代表としては、1998年バンコクアジア大会で金メダルを獲得するなど、多くの国際大会で活躍。オリンピックには2000年シドニー、04年アテネの両大会に出場。指導者としては、09年から日本代表チームのコーチとして活躍。

桜宮高校のバスケットボール部の事件について、どのように思われましたか?

米倉 高校生が体罰を苦にした自殺で命を落としてしまったのはとてもショックでした。強いチームには結果が求められるわけですから、厳しい指導は仕方がないのかなとは思っていました。ただ、内容がよく分からないまま報道が出たので、どこまできつかったのか、自殺に追いつめられるほどのひどい体罰だったのか、その子自身がどんな子だったのか等々、詳しく知りたいと思いました。

　コーチングって、選手を目標地点まで運ぶことですよね。選手が命を投げてしまうほどの指導が果たしてコーチングと呼べるものだったのか、疑問に思います。昔なら通用していたような指導方法でも、今では通用しないはずなのに、まだこんなことをしてしまう指導者がいるんだと驚いたわけです。

　たしかに優勝すればよい生徒が集まるし、優勝が当たり前と思われている部活動で結果が出なかったら周りからあれこれ言われてしまう。思うようにならない焦りもあって感情をぶつけてしまい、体罰になっていったのかなと思います。

米倉さんご自身が選手時代に暴力を振るわれた経験は?

米倉 現役時代はまだ暴力が当たり前の時代でした。高校生時代はインターハイの優勝をめざしている学校だったので、練習はそれなりに厳しかったですし、私が指導を受けた監督は、暴力が有効だと思っている先生だったんです。

　試合中に怒鳴ったり、試合後、アドバイスをもらいに来る子を殴ったりするのは当たり前のことでした。そのうえ殴られる時に「お願いします」って言わないといけない、殴られても起き上がって「すみませんでした」って言わなければいけないみたいな暗黙のルールもありました。また、私を含め、部員全員が先生の家で下宿生活をしていたのです。ミスが多くて負けた試合の日、夜中寝ている時に呼び出して殴ったり、罵声を浴びせたりすることもありました。他にも、夕飯の時にミーティングがあって、その日の練習の内容が悪かったりすると、「反省しているのなら食べられないよな」と言われて、食事抜きの罰が与えられることもありました。怒られた子をかばうように話しかけたり、お腹が空くだろうと何か持って行ってあげたりすると、今度はその親切に行動した子が罰の対象になってしまうんです。今思うと、本当に異様な空間でしたね。

　こうしたひどい体罰をその監督は、「感情で殴っているのではなくて、指導として演技しているんだ」と言い切っていました。「殴る子と殴らない子、罵声をぶつける子と言わない子を分けていて、耐えられる子か耐えられない子か計算している」とも言っていました。何回言っても直らない場合には、恐怖心を与えて、やっちゃいけないんだっていう感覚を埋め込ませるという指導だったんです。試合前の緊張

よりも俺に殴られる方が怖いって思った方がいいプレーをする、俺のプレッシャーを越えれば、試合前のプレッシャーも越えられるというのが持論でした。試合の勝ち負けに関係なく、見せしめで殴られる場合もあって、1人殴ると体育館全体の緊張感が張り詰める、殴られるのを察知して練習をがんばる子もいたんです、実際に。

　でも、殴られる方にしてみたら、恐怖心しか残らないですよね。自分自身で考える、ゲームを自ら作り上げていくというのには、ほど遠い指導であったと思います。殴られることで自分の限界を超えられる性格の子もいる、その子の性格も分かったうえでやっているって、言いたいことは分かるような気もするんですが、私自身は絶対違うと思っていました。知恵を絞って、こうしたら怒られるからと計算して防御していました。その後、結果も出せるようになって、こうした方が勝てる、こんな練習をしたいと強く思うようになったんですね。そうした変化が監督には生意気に見えたのか、私自身もすごく殴られるようになりました。選手が段階をふんで成長していくのを応援できない人だったと思います。自分の思い通りにならなくなっていくのに焦って、感情が高ぶっていく様が、私にも分かりました。髪の毛を掴まれてメリーゴーラウンドみたいにグルグル回されたこともありましたよ。

　そんなことをされて、恐怖心や痛みで頭がいっぱいになりました。でも、私は何のためにここにいるんだっけ、試合で勝つためにずっとやってきたんだよねって自問自答しながら、そのたびに気持ちを入れ直してコートに立っていたんです。殴った本人は、俺が緊張感を与えてやったからいい成果が生まれたんだ、お前は俺がいなきゃダメなんだって全然違うことを考えていたようです。実際に殴られた方にはずっと心の傷が残るわけですよね。あとで振り返ってみて監督の指導があったからこそです、ありがとうございましたって近寄っていく子はいないと思うんですよ。

　親の中には、「煮ても焼いてもいいからうちの子をどうにかして下さい」って預ける人も多かったんですが、私の親はまったく逆でした。心配をかけたくなかったから、私は敢えて何があったか、こうだったとは全く言いませんでした。両親の反対を押し切って進路を選んで、自分から言い出したことはきちんと最後までやり通しなさいという米倉家の家訓を守りたかったのです。だから、絶対に弱音を吐かないぞっていう気持ちがあり、暴力があっても言わなかったんです。それに、暴力は我慢するものだっていう認識もあったので。今から思えば、事実を隠してしまっていたんですね。今はものすごく反省しています。

ご自身が指導されている時に暴力を振るった経験は？
コーチアカデミーも受けられたと──

米倉　私自身はもちろんありません。アカデミーでは、脳科学、コミュニケーション学等を学び、刺激を受けました。暴力とは無縁の話ばかりでしたね。アカデミーのあと、自分の指導にも取り入れてみて、

成功したり、まだまだ時間が必要だと感じたり、さまざまでした。特に言葉の大切さを学んだのが大きかったです。

コーチ時代に、選手から暴力を振るわれていると相談を受けたことはありましたか？あった場合にはどんなアドバイスをされましたか？

米倉 ナショナルチームでコーチをしている時は、そういう相談を受けたことは一切ないです。暴力は、中学生や高校生に対する場合が多い気がします。主要大会までにある一定のレベルまで引き上げなければいけないといった生徒がいた場合、そのようなことが起こるのではないでしょうか。

ナショナルチームは、自分自身がこの目標に対してどうしていくべきか、どうすれば目標を達成できるのかを分かっている子たちの集まりです。自分がある程度確立されているからナショナルチームに入れると思っていますし、逆にナショナルはそうでなければいけない。最近は、目標の設定の仕方や目標にたどり着くまでに自分がすべきことを、殴られ蹴られて学んだなんていう選手は本当に少なくなりました。

今、暴力を振るわれている子どもたちにアドバイスをするとしたら、どのような声をかけますか？
部活動は、学校とセットになっているという特殊な状況がありますが ──

米倉 転校も考えていいんだよって言うと思います。もっと強くなりたいのなら、自分自身が思い描いている練習のあり方に近い環境を探して、思う存分やった方がいいんじゃないかってアドバイスしたいですね。それは「逃げる」ということとは違うんだよ、大切なのは、自分が選んだ場所で何ができるかなんだよ、って教えてあげたいと思います。

今、それを伝えることができる大人がなかなかいないですよね。

米倉 そうですね。本当にいい大人に出会うか出会わないか。私は、ジュニアや中学校では人間力の高い指導者に恵まれていました。運がよかったと思っています。

指導者になってからは、言わなければいけないタイミングで、それをどのような言葉で伝えるかが大切だと思い、気を配りました。暴力による指導では選手は育たないと、今までの経験が反面教師になったことも大きいです。

一方で、選手側も自立して、自分で考えられるようになってほしいって思うんですね。進路を決めるにしても、コーチが好きだから、友だちがいるから、同じぐらいのレベルの子がいるから決めるという選択の仕方もあると思うし、環境が整っているからっていう子もいると思います。実際、就職する場合にバドミントンだけじゃなくて仕事もできるところがいいって選択する子もいるんですね。

　何が自分にとって大切なのか、自分に合った環境なのか、きちんとした選択をする力も身につけてほしいです。一つのことを続けていくと、壁にぶつかるのは当たり前のことですよね。壁を乗り越えられるのは、しっかりとした考え方が身についていてこそだと思うんです。目標に対して色々な達成の仕方がありますが、その中で自分自身のやり方をきちんと確立していき、ちょっとうまくいかないことがあったら、じゃあ違う方法でやってみようって切り替えられる、目標を達成させるための強い意志を保てる子って、素晴らしいと思うんですよ。

米倉さんにとって、暴力に頼らない指導とは？

米倉　暴力に頼る指導というのは、こうなってほしいという指導者側の願望や焦りがあって、それに近づけることができないから出てしまう方法だと思います。この練習がどれだけ意義あるものなのかを選手に理解させることや、やる気にさせるコミュニケーション力が必要だと思うんですね。信頼関係が必要だとか簡単にいわれていますが、パッとできるわけじゃない。選手それぞれの性格を見ながらキャッチーな言葉を使える、伝えるための言葉を数多く持っている指導者にならないと、選手の心を掴めないです。この子にはこのタイミングでこの言葉がいいという使い分けをしていく、変わらない子は、また違う言葉を模索して変えてサポートをしていく、それが信頼関係にもつながると思うんですよ。本当に難しいことですが、場面に応じた発想力を磨くことも必要ですよね。

　よく、「強くなる子ってどういう子ですか？」って、聞かれるんですが、私はいつも「いい意味での素直さを持っている子」と答えています。相手の言葉を素直に聞き入れて、噛み砕いて自分流にアレンジしていける子たちは、自立して強くなっていると私は感じるんです。もし自分が今向いている方向が間違っている時、周りの助言を聞き入れなければ方向転換できません。変えることの怖さはありますが、違った要素を取り入れることによって、殻を破って上をめざせることもあります。そこまで引き出すために、指導者側はコミュニケーション力、言葉の力をどんどん学んでいかなくてはいけないと思っています。指導者側も学ぶという姿勢ですね。選手たちはそれぞれ性格も違う。それに、性格ってやはり育った環境にもよるので、お父さんやお母さんたちとのコミュニケーションも図った方がいいと思っています。選手のバックグラウンドには育ってきた環境があるわけですから。

　私の現役時代には暴力を受けても我慢することが当然だと思っていましたが、今の子どもたちには通用しません。強くしたいという気持ちからであっても、暴力は逆効果になります。今の子は我慢する

力がないとか、忍耐力がないとか、そういう言葉で片付けられがちですが、それは大変危険な気がします。指導者は、今の子どもの質についても勉強する機会を持たないと。今の子どもたちを理解した上で、それから、スポーツにおける暴力という問題以前に、日本全体で、子どもたちが受け身でいるのではなく、自立できる教育に変えていくことも必要だと思います。

最後にお聞かせ下さい。
米倉さんにとっての、「スポーツにおける真の勝利」とはどういうものでしょうか。

米倉 私は最近、それはオリンピズム（オリンピックのあるべき姿）にすごく関係しているとようやく分かってきたんです。オリンピズムは、言葉ではすごく難しいことが書かれていて、とらえ方によって人それぞれ全然違いますが、私に響いてくるのは、「今日の自分よりも明日の自分の方がよくなっていればいい、進んでいればいい、そういうことの繰り返しで結果が伴ってくる」という考え方ですね。どうしても勝負にはシロクロはっきり結果が出てくる。だから全部を勝ち負けや優劣で決めつけてしまいがちになる。けれども、そうではなくて、スポーツを通じて学ぶ、一つのことに対してどう努力していくか、その過程を大切に考えられるようになったら、それは勝利かなと思います。

INTERVIEW of True Instruction

明治大学 体育会サッカー部監督
神川 明彦氏に聞く

言語化

明治大学体育会サッカー部
監督 神川明彦

神川 明彦（かみかわ あきひこ）●プロフィール
　鎌倉高校時代にインターハイに出場し、国体では優勝。明治大学卒業後、明治大学職員となり、明治大学体育会サッカー部コーチに就任し、2004年から監督。長友佑都（インテル・イタリア）をはじめとする多くの選手をプロに送り出す。09年にはモンテディオ山形を天皇杯で破り、学生サッカー史上初となるJ1チーム勝利を飾る。12年にJFA公認S級ライセンスを取得。現在、明治大学体育会サッカー部監督。

桜宮高校の体罰と、生徒が自殺した問題についてどのように思われましたか。

神川 スポーツを始めた小学生時代は『巨人の星』とか『アタックNo.1』とか『侍ジャイアンツ』とか、色々なスポ根ものがありましたし、わたしは『あしたのジョー』が大好きで。そういう中で育った世代なので、今回の体罰問題が起きたこと自体はそれほど驚かなかったのですが、ただ自殺した生徒さんは本当に辛い日々を過ごされていたと推察しました。そして、そこまで追い詰めるというのはどういう状況だったのだろうと思いました。

問題が起こったあと、橋下大阪市長が体育科の入試中止要請を出したのはちょっとよく分からなかったですね。拙速です。すべてを否定してしまうことは理解しがたいですね。こういう問題って結構個人によるところが大きいと思うんですよ。明治大学もそうですが、一つの部で何か事件があると、「すぐ他の部も大丈夫ですか、気を付けて下さいね」って言われる。どこかの部であったから他の部でも起きているんじゃないかって、スポーツの現場だとすぐに全部同じようにとらえようとする、そういう日本のスポーツ界に対する風潮があまり好きじゃないので。

3月には東洋大学のアイスホッケー部で未成年者が飲酒をして、路上で暴力を振るっていたという訴えが大学当局に寄せられて、情報を隠ぺいしていた監督が解雇されました。東洋大学のアイスホッケー部といえば超名門なんですね。それが1年間活動停止になりましたが、わたしはどうしても選手の立場で見てしまうので、この判断はどうかなあと思いました。もちろん、未成年でお酒を飲んで路上で暴力を振るうのは悪いですよ、そうしたら補導されますよね。たまたまそれがアイスホッケー部の部員だったために1年の活動停止というのはちょっと。それ以外の部員もいるわけで、最後のシーズンを迎える4年生の気持ちも考えたら、大学当局にそこまでの処分を下す権利があるのかなって思ってしまうんです。スポーツをする権利を剥奪した東洋大学を事件には関わってない人が訴えてもおかしくないんじゃないかなって思うぐらい、何でもすぐダメって隔離して隠しちゃうみたいな、そういう体質がすごく苦手です。勿論、自分の大学のミーティングで注意喚起はしますけれどね。

監督が現役時代に、暴力を振るわれた経験、もしくは、それを見た経験はありますか?

神川 鎌倉高校の時の太田寿昭監督は非常に厳しい方でした。鎌倉高校のサッカー部というと、みんな長髪で軟派な感じですけれど、監督さんだけは髪の毛を短く刈り込んで、色黒で、普段笑わないようなおっかないタイプの先生なんです。わたしは1年の時に、一度だけ規律違反でひっぱたかれたことがありました。ボール拾いをしている時に、1人だけタオルを頭に被って涼んでいたんですよ。そうしたら、「お前、何だそれは」って聞かれて、結構生意気だったので「いや、あの、暑いんで」みたいなことを言ったら、「バカ野郎、みんなは我慢しているのに、お前だけなんだ」ってバシッと。今

でもそのことは忘れられないですが、暴力だとは思っていないです。しまった、やっちゃったな、ひっぱたかれるのも仕方ないって。

　大学時代は1985年から1989年まで体育会サッカー部に所属していたんですけれど、今のサッカー部ではあり得ない上下関係が残っていましたね。基本的に1年生の指導は日頃2年生がしていて、目に余ると3年が出てきて、夜、ずっと目をつぶった状態で正座させられて説教されるんです。高校のサッカー部の時は本当に自由で、お互いを尊重していて、大好きな雰囲気でした。だから変な上下関係で支配されている大学は、納得がいかなかったんです。

　わたしは試合に出てなくても練習を一生懸命やっている先輩を尊敬していたので、練習に気持ちを入れてやっていない先輩は、先輩として認めたくなかった。許せなかったです。当時3年生って練習に身を入れてやっている人って多くなかったんですよ。何でこの人たちに説教されなきゃいけないのって、嫌で嫌で、ある先輩に説教されている時に、「畜生、何でこんなこと言われなきゃいけないんだ」って言ったら殴られたことがありました。

コーチや監督になられてからは？

神川　3人叩いたことを覚えています。コーチ時代に、ルール違反を繰り返しているのがどうしても許せなくて、「ちょっとお前そこに立て」って言って立たせて、「目つぶって歯くいしばれ」ってバーンってやったのは覚えていますね。すごく手が痛くて、人を叩くって手が痛いんだなって、今も覚えています。97年頃かもしれないですね。でもすごくいい選手で、2年前ぐらいに飲み屋で会ったことがあって、「叩いたこともあったな、悪かったな」「いや、俺がいけなかったんですよ」というような会話をしましたよ。

　それから、監督になってから忘れもしないのは、2006年に江戸川で雨の中、リーグ戦があった時。2年生だったんですが、何しろいい加減なんですね。ファールだファールだと言って倒れたままで、ずっとゲームは動いているのに戻らない、何度もそういうことがあったので。3度目は07年の春先に練習試合でどうにも許せなかったので、ちょっと来いってひっぱたいたんです。他の大学の監督にまずいぞって注意されたのを覚えています。

率直にうかがって、その理由は？　許せなかったと仰いましたが──

神川　要するに期待しているんですよね。江戸川（06年）の時の選手は1年の時から試合に出ていましたし、能力的には抜群に高いんですが、人間的な未熟さがプレーに出てしまう。それだけだったらいいんですが、みんな戦っているんだ、他の選手の気持ちを考えろってずっと伝え続けているのに分から

なかったので、これはもう口で言ってもダメだなあということで。もう一人（07年）もものすごく期待していたわけですよ。能力的には絶対にできるはずの相手に対して、練習試合だからなのか、集中力の欠如によるミスで失点してしまったんですね。「お前、西が丘にいるのと同じ気持ちでやっているのか」って。そういうことがありました。ですから今回このお話を頂いた時に、「いやあ俺、体罰の過去あるなあ」と思って。その後は11年にS級ライセンスを取りに行って、完全に変わりましたね。

※S級ライセンス：日本サッカー協会指導者ライセンスの最高位の指導者資格。日本サッカー協会が公認する指導者の免許制度で、Jリーグおよび日本代表（男子、女子）の監督を務めるために必要な免許資格。

—— 変わられた、というと？

神川 S級ライセンスは、午前中に指導実践をして、午後と夜は座学やグループワークを3ヵ月間ずっと徹底して繰り返しますが、指導実践では監督、コーチ、ゴールキーパーコーチの3人で1時間のセッションを2コマやるんです。自分が監督やコーチの時は1時間指導するんですが、監督やコーチじゃなかったら毎回選手なんですよ。下手すると2時間ずっと走りっぱなしです。

自分が選手になってみると改めて見えてくるものがたくさんあって、サッカーって選手のものなんだなと再認識しました。それから指導のスタイルも選手への接し方もガラリと変わりました。

以前はミーティングでも「次の対戦相手はこうだからこう戦うぞ」というように、自分から一方的に押し付けている感じでしたが、今はできる限り「お前どう思う、お前どうやったら勝てると思っているんだ」とか、「自分たちでミーティングして共有したことがあるなら教えてくれ」とか、そういうスタイルに少しずつ変わりましたね。

監督は、暴力を受けている選手から相談を受けた経験はおありですか？

神川 相談ではないけれども、中学時代は応援団長をするぐらい明るくてリーダーシップもあってという子が、高校に入ったら当時のコーチが相当ひどかったみたいで、「僕はこういうことがあって感情を消したんです」って言うのを最近聞いたことがあります。

わたしも一方的に言ってしまうことがどうしてもあるので、彼には言葉が暴力になっていたと考えると、ドキッとしましたね。抜群の逸材なんですが、今でも感情表現が苦手なんですよ。多分、高校の時の経験がまだ残っているんでしょうね。自分に自信がついたらどんどん自分を出してくれるんじゃないかとみんなで見守っているんですけれど。

神川監督、と言えば選手を育てる監督として有名です。Ｊリーグのユースでトップチームに上がれなかった選手を大学で育て、Ｊリーグに復帰させるというサイクルを実践されていますが、選手の育成で、一番大切にされていることは何でしょうか。

神川　難しいですね。育てるとか、指導者っていう言葉はあまり好きじゃないんです。指す、導くっていうのも、上から目線っぽいじゃないですか。コーチっていう方が好きですね。ともに学び、ともに歩むというのがわたしの方針なんですよ。

　日本サッカー協会の指導者養成事業はすごいなと思っていて、S級ライセンスからD級ライセンスまであるわけですが、どのカテゴリーの講習会でも最初に出てくるのが、「学ぶことをやめたら教えることをやめなければならない」というロジェ・ルメール氏（前フランス代表の監督）の言葉なんです。JFAフットボール・カンファレンスでの講演の冒頭で言った言葉なんですね。その時も現場にいましたが、素晴らしい言葉ですね。わたしはそういう気持ちでいます。

　基本的には、自分が何も言わなくても勝つのが一番いいですね。そういう次元になる年は強いです。2010年、インカレで優勝した時の決勝戦では本当に何も言わなかったんです。逆に何もできなくなりますよ、何もさせてくれない雰囲気でした。「お前は来なくていい、タッチナインの近くに来るな」ぐらいのオーラがピッチ上の11人から感じられました。あの試合だけは選手交代せず、最後まで11人で戦ったんですよ。わたしは昨日までで公式戦を264試合やっているんですが、選手交代しなかったのはあのインカレ決勝戦の1試合だけです。本当に強いチームというのは、指導者が入り込めなくなるんですよ。

**暴力に頼らない指導とは、というテーマに関わってくるのですが、
監督が指導するにあたって、何に焦点を当てているのか教えて下さい。**

神川　指導者としてのわたしの原点は大学時代の自分なんです。自分で全然いい思いができなかったことが今でも反骨心のような形であって、二度と自分みたいな選手を作らないっていう思いで今もやっています。はっきり言って、勝とうが負けようがどうでもいいんですよ。彼らが本当に明治に来てよかったって言ってもらえるようであればそれだけでいいんです。

　選手たちには基本的に、「自分自身の人生は自分で切り開く」ということしか言ってないんですよね。よくミーティングで言うのが、大学進学することもなかったし、明治を選ばなくてもよかったし、サッカーをやってもやらなくてもよかったのに、明治のサッカー部に存在してこうやって話を聞いているよね、と。それは本人がすべて選択した結果だから、深く考えなきゃいけないよ、と。最後は結局自分自身じゃないですか。"自分の意志ではなく、誰かにやらされている"という感じでサッカーをするのではない、最後は自分で決めること。これを常に言っています。

それから、自分の行動などすべて言語化できることです。自分の考えをきちんと伝えられる、書ける、話せる、逆に言えば、相手の言葉をちゃんと受け入れられる、尊重する。例えば試合前に、「今日は君は何をテーマにやるの?」と聞いて、「僕はこうでこうで」ってちゃんと答えられる。これがわたしの一番の目標なんですよ。

　もう一つ言わせてもらうと、学生というのは税金を納めていないですよね。「君たちは税金を納めない、君たちは世の中に生かされているにすぎないのだから、偉そうにしていたらダメなんだ、学生なんだから、多少甘える部分はあってもいいけれど、自分の身分はわきまえなさい」ということは言っていますね。横柄な態度になったり、感謝や敬意を欠いたりというのは学生の分際で許されない。最近はちょっと違ってきているじゃないですか。指導者が若い者に迎合したりとか、取り入ったりとか、おもねたりとか。これはよろしくない風潮じゃないかと思って、わたしはあくまでも厳しく接しているつもりです。

言うべきことは誰であってもちゃんと言っていくっていうスタンスですね。S級のライセンスを取られてから深まったことはありますか?

神川　S級にはミーティングの実習もあるんです。監督役をやってみてと言われてやりました。なるべく普段通りにやって、それでどういう評価をされるのかというふうに考えてやってみましたが、割とよかったんじゃないですかね。人前での話し方、どこで切り出すかとか、どこで語気を強めるかとか、そういうことは昔から気にしているので。先ほど言語化と言いましたが、自分自身もミーティングなどで言語化するということを大事にしています。

　モンテディオ山形に勝った時は、ミーティングで「歴史を作ろう」と伝えたんですよ。清水エスパルスと延長PKまで行った試合は、わたしの264試合の中でのベストゲームなんですけれど、その時に出た言葉は「感謝」でした。日本平スタジアムは絨毯みたいなピッチで、サッカー専用スタジアムでサポーターもたくさん入って、セキュリティ対応も抜群、天皇杯って本当に素晴らしい大会なんですね。大学サッカーの普段のリーグ戦とは全く待遇が違うんですよ。感激しちゃって、ロッカールームのど真ん中に立って、「今日はまずこの素晴らしいピッチ、素晴らしい運営、この素晴らしい大会、そして今日ベストメンバーを揃えてくれた長谷川健太監督、すべてに感謝しよう」と言って、「感謝の気持ちをエネルギーに変える」って書いたんです。これだけサポートしてもらったことに対して恩返しって、ピッチで全力で戦い抜くことじゃないですか。それが多分皆さんに一番伝わること、伝えられることだと思うので。今でも忘れないですね。あのゲームは本当に素晴らしかった。最後にPKで負けたんですけれど、試合が終わっても清水のサポーターが待っていてくれて「明治、明治」って勝ったチームに捧げるエールをしてくれたんです。選手たちはみんな、「ちょっとやばいよ、鳥肌が立つよ」って。感激して泣いてる選手もいました。最高の試合でした。

既にお話の中に出てきていると思いますが、最後にお聞かせ下さい。
監督にとっての、「スポーツにおける真の勝利」とはどういうものでしょうか。

神川 明治で言えば、卒業後のその子の人生、生き様ですよね。それがすべてです。大学の4年間というのはあくまでも修行の場であって、彼らがそれまで培った力を発揮するのは、自分で飯を食うようになってからです。そこからの人生のための4年間だと思っているので。

　だから、勝ち負けよりももっと大事なものがあると思っているんです。ただ、インカレで勝ったとかリーグ戦で勝ったとか、自分たちで据えた目標を叶えるために日々努力し続けて結果を出すということは、多分その後の長い人生を生き抜く上での自信になると思うんですね。

　彼らに自信をつけさせたいと思うので、負け続けるより勝った方がいいよねって。俺はこれだけのことをやった、そしてこれだけのものを得た、そのパワーやエネルギーをどのように卒業後の人生や仕事に生かしていくのかということを4年間で彼らに模索してもらって、掴み取って、後は堂々と生きていってほしいなと、その思いだけです。

INTERVIEW of True Instruction

早稲田大学 教授　応援部部長
葛西 順一氏に聞く

自らを信じ
人を信じる
葛西順一

葛西 順一（かさい じゅんいち）●プロフィール
　中学校、高校、大学と卓球部に所属し、早稲田大学時代には1972年ネパール国際招待卓球大会シングルス優勝を果たすなど、シングルス、ダブルスともに活躍。その後、卓球の指導者として早稲田大学、男子日本代表などで活躍。2003年から応援部部長に就任し、体罰や暴力根絶に向けて、さまざまな改革を行う。現在、早稲田大学教授、応援部部長。

桜宮高校バスケットボール部の事件について、率直なご意見をお聞かせ下さい。

葛西 指導者の暴力が日常茶飯事だったということ自体があり得ないことであるし、教育者として絶対に許されない行為であるというのが素直な感想です。それから、指導者が上級コーチの資格を持っていたということにも大きなショックを受けました。私自身も指導者の資格を持っており、「是非、指導者の資格を皆さんお持ち下さい」と勧めている立場にありますから、上級コーチの資格のカリキュラムを実際に受けていたにもかかわらず、暴力を日常的に行っていたという事実に驚きました。

　もう一点、教育委員会も学校関係者も、状況が薄々分かっていながら見逃していたという事実には驚きました。「勝利を目指す中で、暴力は必要悪だ」と考えている者がいるとすれば、それは論外です。バスケットボール部員の仲間も、彼だけが集中的に顧問から暴力を受けていたことを知っていたはずです。顧問の暴力が慣例化し、常習化していたという事実があるにもかかわらず、周囲が問題視していなかったこと、あるいは、その事実を告発しなかったということも大きな問題であったと指摘できるでしょう。

　自殺した生徒は、バスケットボール部のリーダーたる部長を務めていました。その立場にある者が自殺に追い込まれてしまった。当然、悩みも深かっただろうし、なぜそのような行為に追い込まれたかということに思いをいたらせると、とても痛ましく残念に思います。普通であれば、どこかに逃げ出すところでしょう。スポーツ選手は、日頃から「高い目標に向かって絶対に逃げ出すな、諦めるな」と言われています。恐らく、逃げ出したら最後、今までの人生が全て否定される、と本人は思ったのかもしれません。選手本人と部活顧問という濃密な関係の中で、その枠の外にいる人がそのような関係性に気づき、問題解決をはかり、前向きな対応ができるかという点が、今後の課題としてあげられるでしょう。

周囲の人たち、本人と部活動の顧問という関係の外にいる人たちがどのように対処するかということがポイントになりますね。

葛西 教育者が、「こういうことはしてはいけない」「これは人間として恥ずべき行為」ということを生徒に伝えることを、社会はもっと高く評価しなければならないと思います。塾の先生は、志望校の学校に入学させてくれる。そして、合格のノウハウも持ち合わせている。しかし、学校の先生はどうだろうか。塾の先生の方が学校の先生よりはるかに高いレベルにあるという意識を少なからず持っているようですし、学校の先生に対しては、強いリーダーシップを求めてもいないように感じられます。私どもの子ども時代は、「学校の先生の言うことだから、ちゃんと聞きなさい」と親に常々言われてきました。悪いことをしたら怒られるのは当たり前であり、「子どもが叱られたから」といって、教員に文句を言う親は皆無の時代でした。それが、今ではモンスターのように、すごい剣幕で教員や学校を威圧し、先生が何

も言えなくなる状況に陥ったりしています。高い見識と強いリーダーシップ、子どもたちが尊敬の念をもたざるを得ない、そのような教員の言うことを聞かない子どもがいるわけがないと思います。

先生は中学校時代から、卓球でご活躍されていました。
先生ご自身は体罰や暴力を経験されましたか？

葛西 中学時代は、暴力はありませんでした。高校時代は、上級生から平手打ち、うさぎ跳びを3～4kmさせられた経験があります。試合の日に、会場までジョギングやダッシュ、試合会場に着いた時には疲労の極限状態でした。「これはおかしい」とは思いましたが、「これはトレーニングだ」と言われました。誰かが遅刻をしたり、ボールを後ろにそらしたりすると、連帯責任で練習後に正座を1時間半程度、毎日続きました。現在は、ボールを多数用意して、床にボールが落ちている状態で練習を行っていますので、球拾いなどもやりません。昔は、ボールを1個だけ使って練習をしていました。レギュラー以外は、全員が球拾いをしていました。ボールを後ろにそらすと、「お前、何をしているんだ。打つ時間が少なくなるだろう」と言われ、球拾いが悪いから、打つ時間が少なくなると厳しく指導されました。練習後に正座をさせられ、「球拾いに集中していない」と上級生からこんこんと説教を受けました。

　早稲田大学に進学しましたが、体罰や暴力は一切ありませんでした。当時は、卓球の名門大学でも上下関係がかなり強く、暴力・体罰・正座・うさぎ跳びなどがありました。早稲田大学卓球部にはそのような悪しき伝統はなく、自由に練習できる環境にあると聞いていましたから、私は早稲田大学入学を決意したのです。

先生は高校の時のご自身の体罰経験からスポーツをやっていく上で、
体罰や暴力は意味がない、と思っていらっしゃいますが、
なぜそのように思われたのでしょうか？

葛西 目標を達成する上で、技術をマスターする上で体罰や暴力はマイナスとなり、翌日の練習意欲も失せてしまうからです。上達するために、強くなるために適正なトレーニングをすべきなのに、高校時代にやらされていたうさぎ跳び3kmなどの無茶苦茶なトレーニングは膝や足首を確実に痛めつけます。まさに、いじめです。当時、卓球部に1年生は15人ほど入部しましたが、1年後にはほとんどの部員が退部、2年生になる頃には3人しか残りませんでした。3年生になり、私がキャプテンになってから、体罰や暴力などは一切やらせませんでした。

　ところが、私の卒業後、1歳年下の後輩がまた暴力を振るい始めたと聞きました。私の弟が3歳年下で、「学校は、しごきはなくなったから」と弟に話し、私が卒業した年に同じ高校に入学しました。弟

はしごかれた挙句に、アキレス腱が伸びきって卓球を辞めざるを得なくなる事態となったのです。私が3年生時に暴力を排除したはずであったのに、1年後に暴力が再発、弟がその餌食になったという事実に私はいたたまれませんでした。

しごきが復活してしまったのは、なぜだと思いますか?

葛西　1年下の後輩は、私の1年上の3年生に無茶苦茶にしごかれたようです。「やられたからやり返すという復讐心」、これこそが暴力の負の連鎖の根源です。「復讐心」を、より次元の高い精神エネルギーに変換させる考え方、その考え方こそが、暴力を一掃する上で重要なポイントです。暴力を耐え忍び、ただ我慢するというだけでは、暴力を排除することはなかなかできません。より一層の暴力を引き出すだけです。「暴力」を強く否定し、より次元の高い精神エネルギーに変える力、これこそが、「暴力排除」の決定的な解決策となるはずです。

ご自身がキャプテンの時に、既に暴力と決別していらっしゃって、指導者になられてからも暴力を振るわない ── それはなぜでしょうか?

葛西　しごきや暴力を行使する人は、しごきを受ける人の精神的な辛さ、肉体的な痛み、次の日の練習意欲の喪失などのマイナス面を感じることはないのでしょう。高い目標に向かっている選手にとって、「暴力」はマイナスの働きかけであり、プラスにはなり得ません。当然ですが、叩かれた人は、叩く人を毛嫌いします。これは当たり前です。そのような人間関係も、チームにとっては大きなマイナスとなります。「生徒をしっかりと育てて、強くさせたい」と思うならば、「よいものを教えたい、よいものを残したい、よいものを与えたい」と考えるのが、指導者の本来の姿勢です。暴力や体罰を振りかざす指導者は、明らかに何かが狂っています。何かが、その人間性を狂わせているのだと思います。指導者は誰のために存在するのか、何のために存在するのか、ということをあらためて自覚する必要があるでしょう。

　選手は、自分自身を守ります。その姿勢が、選手の飛躍的な進歩や上達を妨げていると指導者が感じた時、指導者は選手に対して、「殻を破れ。今までと異なる+α（プラスアルファ）を出せ」と思い、そのように指示することがままあります。指導者が選手よりも上位の立場にある場合、選手にどのような負荷を与えるかの見極めが大切です。選手に負荷を与えすぎ、膝や肘を痛めさせることになったら明らかにマイナスです。負荷が軽すぎてもあまりプラスにはなりません。選手が精神的にも肉体的にも余裕を感じられる基礎的練習メニューを準備した上で、限界レベルに挑戦する練習内容が含まれていればベストでしょう。普段、走っている距離が4km程度であれば、「よし、合宿の最後だから、みんなで5km走ろう」と提案しても、最後のひと踏ん張りで達成できる可能性は高いでしょう。しかし、体力

トレーニングの蓄えがない新人や、普段あまり走っていない人に、「合宿の最後だから、6kmがんばって走ろう」と言っても、身体はついてゆきません。急に、長距離を走っても、膝や足首を痛めつける結果となるだけで、何らトレーニング効果は上がらないといえるでしょう。「あれだけがんばったのだから、トレーニング効果は上がったはず」とする考え方は、肉体の損傷をいたずらに招く結果につながりがちです。指導者は、その辺りをしっかりと踏まえて、選手を指導する必要があります。

早稲田の応援部での取り組みについてお聞きします。
2003年に応援部の部長に就任された当時の状況や先生がお考えになったことを教えて頂きたいのですが ──

葛西 当時の応援部は、「花の応援団」的要素で上意下達の命令組織で、上が「オイ」と言ったら、すぐに全員が集合し、「バァーッと動く」わけです。暴力は、表に現れることはありません。正拳突きで腕立て伏せを行わせ、部員の手の皮が擦り切れて骨が出てしまったことがあり、部員の保護者との間で裁判になったことがあると聞き及びました。また、真夏の合宿時では、山中の坂道を下級生が上級生をおんぶして坂道を走り、その後うさぎ跳び、水も飲ませない。その結果、合宿開始初日に下級生部員が白目をむいて山中で倒れる。すぐ病院に自動車で直行、「先生、本当に大丈夫ですか」と、ドクターから強く注意を受けました。「これはいかん」と思いました。しかしながら、「応援部はこういう練習を長年続けています。限界に挑戦しているのです。だから、トレーニングといえるのです。私もこのような練習をずっとやってきた経験があります」と言われます。私自身が応援部の練習経験がないだけに逡巡しておりました。部員の到達目標とすべき体力・精神力レベルと合宿時の体力トレーニングの内容との関連をずっと考えてきました。

そのような応援部を変える契機になったのは？

葛西 前応援部部長先生が定年、次は誰かという時に、大学当局が次は若い人にという考え方があったようです。応援部長は60代前後、または、大学の中枢の立場の者がやるものと考えられていましたから、私が就任し、当時48歳だった私が就任せよと言われたのには、自分自身が一番驚きました。これは「応援部を改革しろ」というメッセージであると受け取りました。応援部部長就任以前に、日本卓球協会トレーニングコーチの経験がありましたから、最初に体力トレーニングの内容についてガンガン話しました。しかし、「応援部のことを何も知らない者が何を言うか」という感じで、部員は全然言うことを聞き入れてくれません。うさぎ跳びやおんぶ走りは応援部の伝統だから、という理由で、当初はまるで変わりませんでした。

　変わるきっかけとなった直接の要因は、上級生部員が下級生部員の鼓膜を破る暴力的行為が起き

た際でした。また、応援部には、リーダー・チアリーダー・ブラスバンドの3パートがあり、部員は全員で140〜150人おります。応援部全体の運営を取り仕切る代表委員主務という立場の部員がおり、あろうことか、主務がパワハラをしているということで、ブラスバンドとチアリーダーから抗議文が届きました。内部調査の結果、代表委員主務があるまじき行為を働いていたということが確認されました。そこで、部員総会を開き、部全体としてきちんとした姿勢で臨むことを決議し、主務を解職しました。以前は、リーダー部門が最高権力を行使していましたが、ブラスバンドとチアリーダー部門をリーダーと対等とし、代表委員主将と代表委員主務の役職は、全パートの中から選抜することに決めました。また、応援部員は文武両道に励まねばならないという理由から、3年になって卒業見込みのない部員は、代表委員主将と代表委員主務には就かせないことも決定しました。

それ以前は、授業に出ずに一生懸命に応援活動をこなしている上級生が、代表委員主将および代表委員主務に就任していました。もちろん、上級生部員から反発はありましたが、応援部の将来がかかっているのです。

5年前、早稲田大学応援部は暴力排除宣言を出しています。当時、排除宣言を出したのは六大学応援団のうち早稲田大学だけでしたが、現在は、慶応大学も暴力排除のスローガンを掲げています。他の四大学に同宣言の要望を出しています。

六大学応援団連盟規約は、学生を最高責任者と定めています。早稲田大学が当番校に回ってきた時に、何かことが起こった場合、大学が最終的な責任を持つ以上、六大学の最高責任者は当番校の応援部長が就任すべきとの考えで規約を変えようとしましたが、最終的に変えることはできませんでした。応援団連盟は応援部員である学生が主体的に動くべきですが、最終的責任は学生にとらせるわけにはいかないとの理由で、来年は規約が変更され、実質的な責任者は六大学応援団連盟当番校の応援部部長となることが決定しています。

高校時代の経験、ご自身がキャプテンとしての活動をしても、次の世代が暴力を振るってしまったという経緯から、組織として改革を進めていく中で、どのような環境の整備をされましたか？

葛西 月に1度、部長、監督、コーチ、部員が全員集まり、部員総会を開いています。部員総会前に、部長、監督、コーチ、最上級生が30分程度ミーティングを行い、1ヵ月間の各部門報告、意見交換などを行います。問題となる行為あるいは事例が発覚した場合、事前に臨時幹部会議を開催します。この話し合いで、指導陣と現役部員間で意思の疎通を図ります。一致団結してがんばろうという趣旨ですから、決起集会のようなものです。

部員総会の際、部長・監督・コーチからそれぞれ挨拶があり、代表委員主将からメッセージが発せられます。各パート代表から伝達事項があり、最後に、応援部綱領を全員で唱和し終了となります。幹部会議で時間が足りず、詰め切れなかった問題点は、部員総会後に幹部会議を実施し、解消に努めています。

　監督・コーチと学生とのコミュニケーションは密接です。全部員のご父母あるいは保護者の方々には、部長・監督・コーチの連絡先を明記し、何か問題があったらすぐ直接連絡をして下さいというお手紙を出しています。

先生は、講演や卓球連盟のお仕事も含めて、もし「暴力がなぜいけないのか、殴ることは躾と同じで、人間の力を引っ張り上げるのではないか」と問われた際は、どのようなお考えを伝えますか？
指導者の中には、暴力を振るうことでしか指導ができない人、方法が分からないで感情的になる人がいるかと思いますが、暴力に頼らない指導をするために、どのような視点や姿勢、取り組みが必要だと思われますか？

葛西　暴力は人を傷つける行為で、人を尊重しているわけではありません。人をよくしていく行為であれば、それは助力にもサポートにもなりますが、暴力は人を殺す行為であり、人の成長を促し助ける行為とはなり得ません。鉄拳だって当たり所が悪ければ、人を殺してしまいます。叱咤激励や言葉がけにしても、サポートのための言葉でなければなりません。サポートを行うトレーニング手段、強化システムでなければなりません。人を助け、人を生かす形となっているかどうかが大切なポイントです。

　応援部員は、どんな土砂降りでも、どんな強風に遭っても、選手をエンドレスで応援しなければなりません。そのために、とんでもなく高いレベルで心と体を鍛えようとしています。そうやって心と体を鍛えているのは誰のためなのか。「自分のためではなく人を助けるため、人を限りなく応援するため」といえるのではないでしょうか。

　その人を助けたい、その人を伸ばしたい、その人を大きくしたい、その人の夢を叶えさせてあげたい、そういう気持ちが相手に伝わらなければ、伝えていないことと同じだと私は思います。伝達方法には色々な手法があるかと思いますが、言葉で自分の思いをしっかりと伝える力を身につけなければならないと思います。その方法として、相手を励まし、相手を高揚させ、相手を勇気づけ、相手の気持ちを尊重する、「コミュニケーション能力」が求められているといえるでしょう。手っ取り早く、暴力で問題解決を図るなど、もっての外です。

実際に暴力を振るわれている学生が相談しにきた時には、どのようなアドバイスをされていますか?

葛西 とにかく部に残りなさい。「君がこれほどまでがんばっているのだから、とにかく残りなさい」と言います。「私が今の応援部を改革するから」と、私はそれだけしか言いません。私に相談にくるということは、変えて欲しいという気持ちがあるからだと思います。今、変えるしかないのです。私が部長に就任した当初は、いくら言っても全然変えられませんでした。しかし、部員は3年間程度の歴史しか知り得ませんし、監督は4年で交代することが規定で決まっています。過去10年間の様々な状況を全て理解しているのは、私です。だからといって、私が全権を握り、勝手なことをしているわけではありません。

幹部会議、部員総会、日々の各パートのコミュニケーション、それぞれを確認し合い、部員の自主運営を基本とし、是々非々の立場で、何か問題がある場合は、こうだよと言うようにしています。

先生が思う応援部のベストのチーム、もしくは理想のチームとはどんなチームですか?

葛西 東日本大震災の時に、学生がみんなで支援に行こうと言い出しました。六大学応援団連盟全体の支援チームができました。自分たちが組織し、バスの手配をし、大学に掛け合い、ボランティアセンターに行ったりしていました。私どもが提案して、「これをやりなさい」という形ではなく、学生が自ら企画し集まり、最終的には六大学応援団連盟で行動しました。1人では絶対できません。お金がかかる、授業がある、反対する人もいる、しかし、応援部の学生が自ら言い出し、最終的に実現できたわけです。私はその時、いい組織になったな、この組織に関わっていてよかったなと心底思いました。

応援部は、部長・監督・コーチの組織ではありません。あくまでも部員諸君の組織です。私どもは、あくまでもサポーターです。実際に、部員諸君は自主的に動き、私は早稲田大学の応援部は今の組織形態がベストではないかと思っています。指導陣は、部員に何か問題が起こった場合に対処すればよく、基本的に部員が前向きに対処していれば問題は起こらないわけで、前向きな動きをサポートすることに全力を傾けることができれば最良です。言うことはありません。問題があった場合、問題が起こりそうな場合に迅速に対応するというのが、私どもの立場であり、部員の抱えている案件で何か変な動きがあるようであれば、その際は私どもが積極的に乗り込んで陣頭指揮をとる必要があります。しかし、そうでなければ私どもの出番はありません。私どもの活動場所がないこと、それは逆説的な表現ですが、理想的な形です。時々、とても積極的な部員が出現します。それは私ども指導陣にとっては嬉しい限りです。前向きにとらえ、応援を盛り上げ、大学をアピールしようという部員の企画ですから、非常に気合が入り、ここぞという力を発揮する上でいい機会となっています。

先生は大学生の時に国際大会で優勝し、選手としても高いランクのところにいらっしゃいました。また、指導者としてもナショナルチームの監督、指導者としてもかなり上位にいらっしゃいます。
最後にお聞かせ下さい。
先生にとっての、「スポーツにおける真の勝利」とはどういうものでしょうか。

葛西 相手に勝つのではなくて、自分に勝つということが大切です。自分の力を信じ、自分自身の夢を実現できるように努力する、そういう人は目標を必ずや達成できると思います。信念があれば、自分を最後まで高めようと努力すれば、絶対にできるはずです。「自分に勝つ」という目標を持っている人は、負けた時の責任を指導者や学校や環境のせいにはしません。志の高い人は、周りを、指導者も学校をも変えると思います。自分の力を信じ、周囲の環境を変えていく人が、本当の勝者といえるでしょう。そういう人であれば、周囲の人も積極的に応援してくれるはずです。自分が動いて周囲を変える。自分のありったけの情熱をもって、周囲を変えていけばよいのです。「あの人があれだけがんばっているのだから、応援しようよ」と周囲が応援するようになるまでがんばるべきだと思います。

第IV部

アンケート分析／資料

The Total Result of a Questionnaire, and Analysis

『スポーツにおける真の勝利
——暴力に頼らない指導』
アンケート集計結果・分析

虎ノ門協同法律事務所
大橋 卓生

大橋 卓生（おおはし たかお）●プロフィール
　弁護士（第一東京弁護士会、2004年登録）、日本スポーツ法学会事務局次長（2010年〜）、第一東京弁護士会総合法律研究所スポーツ法研究部会部会長（2010年〜）、公益財団法人日本体育協会国体参加資格に関する第三者委員会（2010〜2011年）、金沢工業大学虎ノ門大学院准教授（2012年〜）。

1 アンケート実施の趣旨

　日本スポーツ法学会では、スポーツ基本法検討専門委員会を立ち上げ、2011（平成23）年6月24日に公布されたスポーツ基本法の法案成立、その後の個別立法に向けた研究活動を継続してきた。

　このような活動の中で、2012（平成24）年12月に大阪市立桜宮高校バスケットボール部顧問教諭の体罰による自殺事件が生じ、2013（平成25）年1月には全日本柔道連盟女子柔道代表監督による暴力問題が発覚するなどスポーツ指導者による暴力が大きな社会問題（「一連の指導による暴力問題」）となっている。当学会理事会では、2013（平成25）年2月14日に、緊急アピール「スポーツから暴力・人権侵害行為を根絶するために」（添付資料参照）を行い、体罰根絶に向けた提言を行った。
　その後、以下のシンポジウム等を開催し、体罰問題に関する学術研究活動を継続している。

　　① シンポジウム「アスリートの尊厳を守るためのシンポジウム」
　　　（週刊法律新聞2013年2月22日号参照）
　　　日時　：　2013（平成25）年2月19日
　　　場所　：　参議院議員会館講堂
　　② 「部活動の体罰問題ホットライン」（週刊法律新聞2013年3月22日号参照）
　　　日時　：　2013（平成25）年2月23日
　　　場所　：　東京、名古屋、大阪
　　③ シンポジウム「体罰を根絶するために──高校の運動部活動においてなぜ体罰は生じるのか」
　　　（週刊法律新聞2013年3月22日号参照）
　　　日時　：　2013（平成25）年3月9日
　　　場所　：　早稲田大学第9号館
　　④ シンポジウム「スポーツにおける暴力──『体罰問題』を考える」
　　　（日本スポーツとジェンダー学会との共催）
　　　日時　：　2013（平成25）年3月20日
　　　場所　：　関西大学天六キャンパス
　　⑤ 日本教育法学会シンポジウム「スポーツ・学校部活動と体罰」（協賛）
　　　日時　：　2013（平成25）年4月20日
　　　場所　：　国士舘大学梅ヶ丘キャンパス

　このような活動を行う中で、当学会としては、公益財団法人日本オリンピック委員会（JOC）、公益財団法人日本体育協会（日体協）、公益財団法人日本障害者スポーツ協会及びこれら加盟団体など日本の主要競技団体に対して、指導における暴力の問題に関する取り組みについて調査を行い、その分析結果を公表し、スポーツにおける暴力をなくすための具体的な提言を行いたいと企図し、本アンケートを実施した次第である。

❷アンケートの回答状況

本アンケートは、2013（平成25）年4月1日に調査対象としたスポーツ団体宛に発送した。締切日を同年4月19日とし、約2週間強の回答期間であった。
スポーツ団体の回答状況は、以下のとおりであった。

(1) 調査対象としたスポーツ団体　全66団体
　　【内訳】
　　　統括スポーツ団体　……………　6団体
　　　主要各種スポーツ団体　………　60団体

(2) アンケートの回答状況
　　① 回答のあった団体　…………　49団体（74％）
　　② 回答のなかった団体　………　17団体（26％）

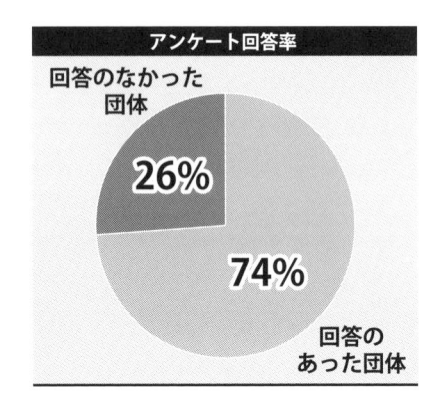

なお、回答のなかった17団体のWEBサイトを確認したところ、倫理規程等で暴力行為を明確に禁止している団体は4団体のみであり、その他の13団体は、残念ながら、倫理規程等が整備されておらず、指導における暴力の問題について、組織として問題の実態を把握せず、これを改善していこうとする意識が認められないといえるような状況である。

❸本アンケートの趣旨

指導者による暴力の問題を解決するためのポイントは、以下のとおりであると考える。

　　①暴力を排除しようという明確な宣言
　　②暴力が行われていないか実態の把握
　　③暴力が行われている場合にその原因の究明
　　④原因に応じた解決策の策定
　　⑤適切な解決のための環境整備（問題の発生を予防したり、問題が生じた場合に
　　　迅速かつ公正に解決するための相談制度を設ける等）

本アンケートは、スポーツ団体が上記5つのポイントについて、スポーツ団体が、いかに考え、対応をしているかを確認すべく、設問を考案した。

4 設問1について

> 【問1】
> 貴団体は、貴団体内外に向けて、日本体育協会が策定した「倫理に関するガイドライン」のような暴力を排除する旨の宣言（ガイドラインなど）を作成・公表していますか。該当する数字を○で囲んでください。
> 1. 行った　→　_____年___月
> 2. 現在は行っていないが、行う予定　→　_____年___月頃予定
> 3. 現在は行っていないが、今後も行う予定はない

(1) 設問趣旨

　　組織が一丸となって問題に取り組むためには、組織全体に問題を提起し、改善に向けた強いメッセージを発することは重要である。特に、スポーツ指導における暴力は、「愛情のある体罰」を容認する考えで指導にあたる指導者も多数存在するなど根の深い問題であり、スポーツ指導における暴力を根絶するためには、組織として明確なメッセージを発することが必要である。

　　日体協は、2004（平成16）年4月1日に「倫理に関するガイドライン」を制定（2011（平成23）年4月1日改訂）し、スポーツ指導における暴力行為を禁止してきた。

　　最初の設問は、個々の団体においてかかるガイドラインに記載されているような明確な暴力排除宣言の実施状況を問うものである。

　　回答の選択肢としては、本アンケート回答時点（平成25年4月初旬）までに、暴力排除宣言を行っているか（選択肢1）、②本アンケート回答時点までに、暴力排除宣言を行っていないが、今後行う予定があるか（選択肢2）、暴力排除宣言を行う予定はない（選択肢3）の3つを用意した。

(2) 回答状況

　　本アンケートに回答した49団体の回答は、次のとおりであった。

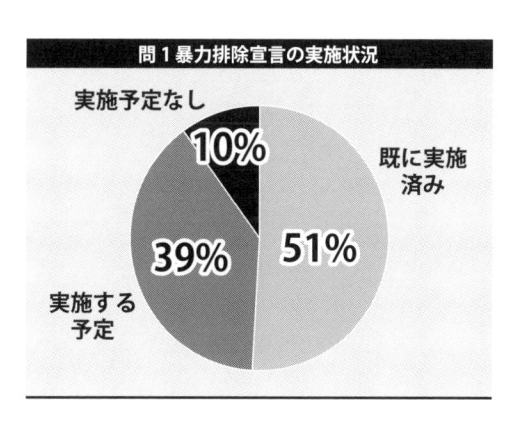

　　　暴力排除宣言を行った（選択肢1）………………………………… 25団体
　　　暴力排除宣言を行う予定（選択肢2）……………………………… 19団体
　　　暴力排除宣言を行う予定はない（選択肢3）……………………… 5団体

問1 暴力排除宣言の実施状況

- 既に実施済み: 51%
- 実施する予定: 39%
- 実施予定なし: 10%

(3) 回答分析

　2013（平成25）年4月25日、日体協、JOC、公益財団法人日本障害者スポーツ協会、公益財団法人全国高等学校体育連盟及び公益財団法人日本中学校体育連盟は、共同で「暴力根絶宣言」（「2013暴力根絶宣言」）を採択した。本アンケートを配布した時点では、2013暴力根絶宣言の準備段階にある旨報じられている最中であった。

　こうした状況もあり、本アンケート実施時点で、暴力排除宣言を実施し、実施する予定である旨回答した団体は、回答のあった49団体中44団体と9割を占め、指導における暴力の問題を組織として対処・改善していこうという高い姿勢がうかがわれる。

　反面、5団体が、暴力排除宣言の実施予定はない旨回答したのが意外であった。上記暴力根絶宣言を踏まえて、各団体で独自にも実施するであろうと予測していたからである。

① 暴力排除宣言の実施時期について

　既に実施済みと回答した25団体において、暴力排除宣言の実施時期を、一連のスポーツ指導暴力問題がクローズアップされた平成25年1月前後で区別すると、次のような結果であった。

　　(ア) 2012（平成24）年12月以前に実施した団体 …………………… 13団体
　　(イ) 2013（平成25）年1月以降に実施した団体 …………………… 12団体

　上記のとおり、一連のスポーツ指導暴力問題発覚前から暴力排除宣言を行っていた団体は、13団体と、暴力排除宣言を実施していた団体の約半数に上った。本アンケートの対象スポーツ団体全体の約2割であった。

　具体的な実施時期については、公益財団法人日本学生野球協会（傘下の公益財団法人全日本大学野球連盟及び公益財団法人日本高等学校野球連盟を含む。以下総称して「日本学生野球協会」）が最も早く、1950（昭和25）年から実施している。その他の団体は、前述の日体協が「倫理に関するガイドライン」を制定した2004（平成16）年4月以降に実施されている。

② 実施予定がないと回答した団体について

　実施予定がない旨回答した5団体のうち、3団体は、倫理規程を作成し、団体WEBサイト上で公開していた。

　残る2団体のうち1団体は、WEBサイト上に倫理規程を公開していないものの、倫理規程及び倫理委員会が存在し、暴力問題が起これば対処できるとの回答であった。もう1団体は、倫理規程等の存在について明確な回答がなかったが、今後、暴力事案の実態調査を予定している旨回答があった。

　暴力排除宣言の実施を予定していない旨回答した5団体においても、スポーツ指導における暴力の問題には取り組んでいることが分かる。

5 設問2について

> 【問2】
> 貴団体では、指導による暴力の実態調査を行ったことはありますか。
>   1. 2012年12月31以前に実施した　→_____年____月
>   2. 2013年1月1日以降に実施した　→_____年____月
>   3. これから実施する予定　→_____年____月予定

(1) 設問趣旨

　　指導者による暴力を排除するためには、まず、指導者による暴力の実態を把握することが必要である。この設問は、これまでに指導による暴力について実態調査を行ったかを把握する趣旨である。

　　回答の選択肢としては、一連のスポーツ指導暴力問題がクローズアップされる2012（平成24）年12月以前（選択肢1）とクローズアップされた2013（平成25）年1月以降（選択肢2）に分けた。さらに、本アンケート実施時までに実態把握のための調査を行っていないが、今後行う予定である場合も想定した（選択肢3）。

(2) 回答状況

　　本アンケートに回答した49団体の回答は、次のとおりであった。

　　　　2012年12月31日以前に実施（選択肢1）……………………… 回答なし
　　　　2013年1月1日以降実施（選択肢2）……………………………… 22団体
　　　　今後実施する予定（選択肢3）…………………………………… 14団体
　　　　無回答 ………………………………………………………………… 13団体

問2　暴力実態の把握のための調査の実施

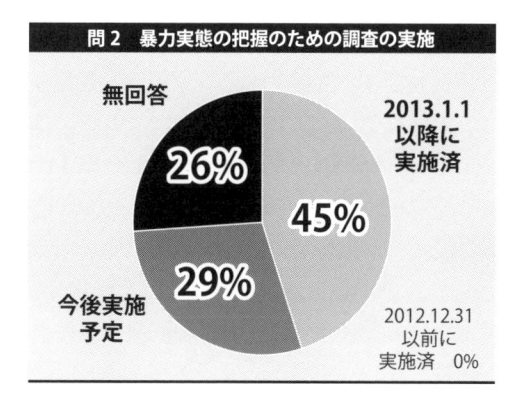

- 2013.1.1以降に実施済　45%
- 今後実施予定　29%
- 無回答　26%
- 2012.12.31以前に実施済　0%

(3) 回答分析

　① 設問1の回答から、指導における暴力の問題がクローズアップされるようになった2012（平成24）年12月以前より、指導における暴力を明確に禁止し、排除するなどの宣言を行っていた

団体は、本アンケートに回答した49団体の約2割であった。

ところが、設問2の回答において、2012（平成24）年12月以前に、実態把握のための調査を行った団体はないことが分かった。

多くの団体は、2013（平成25）年1月以降に実態調査を行った（22団体）か、今後実施する予定（14団体）であった。今後実施予定の団体のうち、実施予定時期を明示した団体は9団体であった。実施予定時期を明示していない団体は5団体であった。

設問2について無回答の団体のうち、日本学生野球協会は、1950（昭和25）年以来、学生野球憲章を制定し、暴力問題を含む憲章違反行為について審査室に報告・処分する制度が整っている旨回答があった。その他、JOCによりJOC強化指定選手を対象とした暴力問題の調査が実施されたことから、団体として独自の調査を予定していない旨回答した団体が1団体あった。これら以外の団体は、コメントが寄せられておらず、本アンケート実施時点において、暴力問題の実態調査の実施には消極的と解される。

実態調査を行った旨回答した22団体に対しては、さらに質問を重ねているので、以下、概要をまとめる。

② 調査対象者について

実態調査を行った22団体に対し、調査対象者に関する次の質問を行った。その回答結果は次のとおりである。

　　(ア) 対象者
　　　(a) 指導者及びアスリートを調査対象者とした団体 …………… 16団体
　　　(b) 指導者のみを調査対象者とした団体 ………………… 3団体
　　　(c) アスリートのみを調査対象者とした団体 ……………… 3団体
　　(イ) 対象とした指導者の範囲（上記(ア)で(a)(b)と回答した19団体）
　　　(a) 日体協あるいは各団体の指導者資格を有する指導者 …… 2団体
　　　(b) 全指導者（指導者資格の有無を問わない）………………… 4団体
　　　(c) その他 ……………………………………………………… 13団体
　　　　【回答例：過去4年間の強化スタッフ、都道府県連盟会長、ナショナルチームコー
　　　　　　　　チ・スタッフ、過去4年間のナショナルチームのコーチ・スタッフ】
　　(ウ) 対象としたアスリートの範囲（上記(ア)で(a)(c)と回答した19団体。複数回答あり）
　　　(a) 日本代表クラスの選手 ……………………………… 15団体
　　　(b) 全登録選手 ……………………………………………… 1団体
　　　(c) その他 ……………………………………………………… 6団体
　　　　【回答例：過去4年間の代表選手、都道府県連盟会長・協力団体へのアンケート
　　　　　　　　調査、ナショナルチーム女子選手、ジュニア合宿に参加した選手】

かかる回答から、主にナショナルチームの指導者・スタッフ及びアスリートを中心に実態調査が実施されていることが分かる。実態調査が行われたのは、全日本柔道連盟女子柔道代表監督による暴力問題が発覚した後であり、かつ本アンケート実施時において、JOCが傘下団体に対して強化指定選手（オリンピック実施競技）ないしナショナルチーム（オリンピック非実施競技）を対

象に暴力問題の調査がなされていたことから、この結果は、当該 JOC の調査の影響が強く現れているといえる。

しかし、そのような中でも、ごく少ない団体ではあるが、全指導者・全登録選手を対象に実態把握の調査を実施した団体があったことは注目に値する。こうした団体の積極的な取り組みが、他の団体にも広まっていくことを期待したい。

③ 実態調査の結果とその後の対応について

実態調査を行った 22 団体に対し、実態調査の結果及び調査結果を受けた後の対応について尋ねたところ、回答は次のとおりであった。

(ア) JOC のアンケート調査結果

2013（平成 25）年 3 月に報道されたとおり、傘下 57 団体に対し、2013（平成 25）年 2 月に実施した「競技活動の場におけるパワハラ、セクハラ等に関する調査」の結果、選手で 25.5%（459 人）、指導者で 29.1%（424 人）が競技活動の中で暴力を認識していたことが分かった。そして、選手の 11.5%（206 人）が実際に暴力を受けた旨と回答した。その一方で、暴力を行ったと回答した指導者は全体の 3%（43 人）であった。

JOC ではこの結果を受け、スポーツにおける暴力行為根絶に向けた取り組みの一方策として、通報相談処理規程を制定し、通報相談窓口を弁護士事務所に設置、平成 25 年 3 月 19 日夕刻より稼働を開始している。

(イ) 他の統括団体の調査結果

実態調査を実施した旨回答した統括団体の 1 つは、調査の結果、その傘下の都道府県協会において暴力問題の実態の把握が十分でないこと、及び都道府県協会に暴力問題の根絶に向けた取り組みに温度差があることが判明した旨回答を得た。当該統括団体では、この結果を踏まえた具体的な取り組みとして、理事会にて報告・審議し、暴力根絶宣言を発信した、とのことである。

(ウ) 各競技団体の調査結果

(a) 「暴力問題はない」旨回答した団体が、8 団体あった。

1 団体においては、暴力問題はないとの結果が実態を正しく表しているか判断できないため、第三者委員会を設置して再度調査を行う予定であるとのことであった。

4 団体は、調査対象を広げて追加調査を実施したり、倫理規程等を整備したりするなどの行動をとる旨回答があった。

3 団体は、暴力問題がない旨の結果が出たところ、特に何らかの行動をとることは予定していないようである。

(b) 「現在暴力問題はないが、過去にあった」旨回答した団体が、4 団体あった。うち 1 団体は調査結果まで回答があった。

(c) 暴力問題があった旨回答した団体は、2 団体あった。うち 1 団体は、予防目的で実態調査を行ったため処分を考えていないようである。もう 1 団体は、発覚した事案について委員会にて対応を検討するとしている。

④　これまでの暴力問題にいかに対応してきたかについて

　実態調査を行った22団体に対し、本アンケート実施時までに、スポーツ指導における暴力問題について、どのような対応を行ってきたかを尋ねた。

　　㈦　申告窓口を設置していた団体が、10団体あった。いずれも、2013（平成25）年2月～4月に設置されたものであった。全日本柔道連盟の問題を受けてのことではあるが、素早い対応といえる。

　　　　しかしながら、3団体においてはHP上で告知されておらず、窓口の存在が十分に周知されているとは認められない状況である。他の4団体は、HP上窓口の存在が掲載されているが、非常に分かりにくいところに掲載されており、利用者が容易にアクセスできるとはいえない状況にあった。残る3団体のみが、HP上に比較的分かりやすい状態で掲載されていた。

　　　　申告窓口を設けるにあたっては、暴力問題を申告したり、相談したりするアスリート等が申告・相談したが故に団体等から不利益を受けない旨（不利益取扱の禁止）が重要である。かかる扱いが確約されていない場合、アスリートが指導者から受けた暴力について、その団体に安心して申告できないからである。この点、既に窓口を設けていると回答した8団体のうち、2団体を除いて、不利益取扱の禁止を明記している団体はなく、暴力被害を受けているアスリートが安心して利用できる状態にあったとはいえない。

　　㈨　多くの団体は、暴力問題が生じた場合に調査機関としては、既存の倫理委員会などで対応していた。暴力禁止の周知は、指導者講習会で対応していた。

　　㈫　指導における暴力排除の具体的な取り組みとして、公益財団法人日本サッカー協会は、指導者資格制度を導入し、指導者要請講習会において、選手の気づき・自立を促すための指導を行っている。また、公益財団法人日本高等学校野球連盟では、定期的に現役監督を対象とした甲子園塾を開催し、指導のあり方を受講生や講師（OB監督など）間で議論することで、正しい指導方法のあり方について現役監督に気づきを与えている。こうした団体の取り組みは、他団体でも参考にすべきである。

⑤　以上の結果を踏まえると、被害を受けたアスリートの視点から、一連の指導による暴力の問題が生じるまでのスポーツ団体の対応は、一部先進的に対応を実施していた団体はあるものの、総体として、十分にアスリートの権利を保護するような対応・体制がとられていなかったことが明らかとなった。

⑥ 設問3について

【問3】
2013年4月1日以降、指導者による暴力があった場合に備えて、貴団体は、どのような対応をする予定ですか。該当する数字を○で囲んだうえ、実施予定時期及びその概要を簡潔

> に記入してください（複数回答可）。
> 1. 実態調査を行う予定　→　実施予定時期＿＿＿＿年＿＿月
> 2. 申告窓口を設置する予定　→　設置予定時期＿＿＿＿年＿＿月
> 3. 調査機関を設置する予定　→　設置予定時期＿＿＿＿年＿＿月
> 4. その他（以下にご記載ください）　→　実施予定時期＿＿＿＿年＿＿月

(1) 設問趣旨

指導における暴力の根絶のためには、①実態を把握すること、②アスリートが安心して相談できる窓口を設けること、③暴力問題が発覚した際、公正な調査機関で調査をすることが重要となる。そこで、本アンケート実施時以降に、指導における暴力根絶のために、団体がどのような対応をする予定かを問うものである。

(2) 回答状況

本アンケートに回答した49団体の回答は、次のとおりであった（複数回答あり）。

　　実態調査を行う予定（選択肢1）………………………………… 10団体
　　申告窓口を設置する予定（選択肢2）…………………………… 16団体
　　調査機関を設置する予定（選択肢3）…………………………… 15団体
　　その他（選択肢4）………………………………………………… 23団体

【回答例：・通報相談窓口・倫理規程等に基づいて適宜対応する
　　　　・暴力根絶に関するプロジェクトチームを設置し対応策を講じる
　　　　・傘下の都道府県連盟間で差が生じないようガイドラインを策定する
　　　　・暴力・セクハラ・パワハラの調査方法の統一化や処罰規定の整備を行う
　　　　・都道府県連盟との協力・連携を図る
　　　　・性急過ぎると問題の本質を見誤るおそれがあること、相談窓口や調査機関の設置には経費やマンパワーが必要であることから、急がずに対策を検討する等】

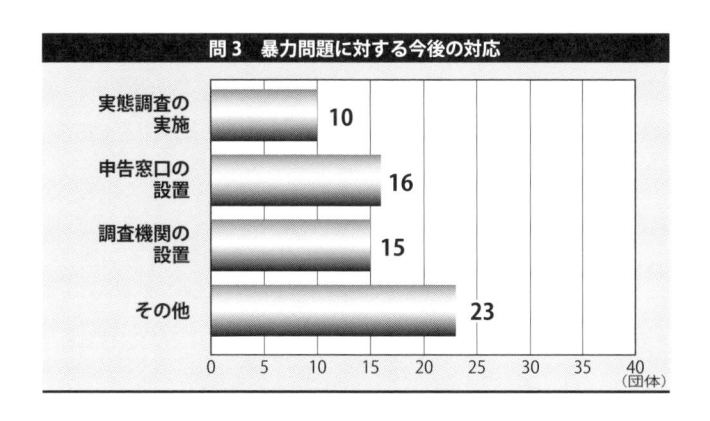

問3　暴力問題に対する今後の対応

項目	団体数
実態調査の実施	10
申告窓口の設置	16
調査機関の設置	15
その他	23

(3) 回答分析

① 最も多かった今後の対応としては、申告窓口の設置である（16団体）。しかしながら、本アンケートに回答した49団体の過半数にも満たなかった（32.6％）。

申告窓口として、弁護士など団体外に窓口を設置する旨明確に回答したのは4団体のみであった。逆に、団体内に窓口を設ける旨明確に回答したのは4団体あった。残る8団体は、相談窓口の位置付けを明確に回答していない。前述のとおり、これまでの窓口は、不利益取扱の禁止が明確になされていなかったり、窓口の存在自体が周知されていないなど問題があった。今後、創設される窓口は、こうした点が改善され、アスリートが安心して利用できる制度であるか否かがポイントとなる。

② 申告窓口の次に多かった回答としては、調査機関の設置である（15団体）。本アンケートに回答した49団体のうち30.6％であった。外部有識者を入れた委員会を調査機関として設置する旨明確に回答したのは3団体のみであった。残る団体は、検討中ないし既存の倫理委員会などで対応するというものであった。

③ その他の対応で多かったのは、既存ないし新設した倫理規程及び倫理委員会にて対応するという回答である（15団体）。うち、申告窓口の設置を予定していない団体は、9団体あった。もっとも、この9団体のうち8団体については、次の設問4において、JOCや日本スポーツ振興センター等に設けられる申告窓口を積極的に利用した旨回答しており、特段の措置をとらず団体内部だけで処理をしようと考えている団体は1団体にとどまった。

7 設問4について

【問4】
貴団体内で生じた指導者による暴力の問題について、日本スポーツ振興センターやJOCなど貴団体以外の機関が通報窓口となり調査・処分勧告を行うことについて、貴団体はどのように考えていますか。該当する数字を◯で囲んでください。
1. 積極的に協力したい
2. 自己の団体で対応できるので、外部の団体には協力する必要がない
3. 次の条件を満たした場合には協力したい（以下に具体的に記入してください）

---

(1) 設問趣旨

JOCは、2013（平成25）年3月に、オリンピック強化指定選手等を対象とした外部相談窓口を設置した。また、同年4月26日には独立行政法人日本スポーツ振興センター法が改正され、日本スポーツ振興センター（JSC）においても暴力問題の相談窓口等となる第三者機関を設置することが可能となった（注：本アンケート実施時点では改正案審議中であった）。

このように団体外の相談窓口や第三者機関が設置される動きがある中、これら団体外部の相談窓口や第三者機関が有効に機能するためには、暴力問題を申告したアスリートの所属する団体

の協力が不可欠となる。そこで、こうした外部相談窓口に対する各団体の考え方を尋ねてみた。

(2) 回答状況

本アンケートに回答した49団体の回答は、次のとおりであった。

積極的に協力したい（選択肢1）……………………………………… 34団体
自己の団体で対応し、外部団体に協力する必要はない（選択肢2）… 2団体
一定の条件を満たした場合には、協力したい（選択肢3）…………… 8団体
その他の回答 …………………………………………………………… 3団体
回答なし ………………………………………………………………… 2団体

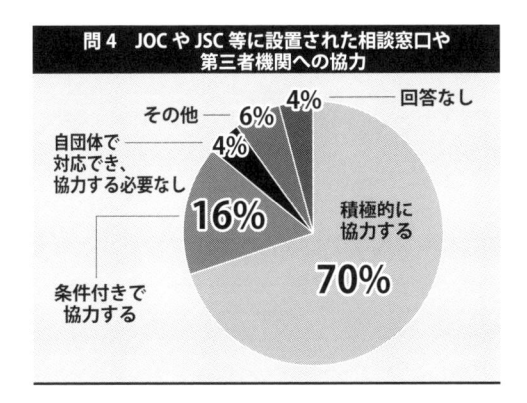

問4　JOCやJSC等に設置された相談窓口や第三者機関への協力

- 積極的に協力する 70%
- 条件付きで協力する 16%
- 自団体で対応でき、協力する必要なし 4%
- その他 6%
- 回答なし 4%

(3) 回答分析

① JOCやJSCなど自団体以外が設置した相談窓口や第三者機関への協力について、積極的に協力する旨回答した団体が7割に及んだ。条件付きで協力する旨回答した団体を含めると、9割近くの団体が自団体以外の相談窓口や第三者機関に協力する姿勢が見られた。

　条件付きで協力する旨回答した団体においては、指導における暴力の問題は、まずは自己の団体内部で解決を図るべき問題であるとの認識を有しており、外部窓口等は二次的なものと位置付けている。

② その他回答が選択肢にないとして自由記載で回答した団体のうち2団体は、指導における暴力の問題は、スポーツ団体自らが対策を講じ、問題が発生した場合は、自ら調査・処分等をすべきと考えている。この2団体のうち1団体は、外部機関を利用する予定はないが、スポーツ仲裁機構とは協力していく旨回答している。もう1団体は、まったく外部窓口等の利用を排除する趣旨ではなく、事案に応じて対応が異なると予測されるため、明確な回答ができないとのことであった。

③ 以上の回答結果から、スポーツ団体においては、団体自治を強く意識していることが垣間見られる。スポーツ団体の上部機関であるJOCの相談窓口等に対する協力と独立行政法人であるJSCが設置する相談窓口等に対する協力とを分けて質問をしていれば、JOCとJSCとでは結論が異なったのではないかと推察される。

　こうした点を踏まえて、当日本スポーツ法学会は、本アンケート実施後の2013（平成25）年

5月23日にシンポジウムを開催した。同シンポジウムには、JOC、日体協、JSC、文部科学省、スポーツ議員連盟、アスリート代表などをシンポジストに迎え、JSCに設置する相談窓口・第三者機関のあり方について議論をした。様々な意見が出されたが、JSCに第三者機関を設置することについて、スポーツ界全体でコンセンサスを得ることができたと考えている。今後も、利害関係者と協議を継続しつつ、団体自治と公平・公正な相談・調査とをうまくバランスを図りながら、JSCの第三者機関の設置を進めていく必要があると思われる。

8 設問5について

【問5】
指導者による暴力を防止するための啓発活動（パンフレット等の出版物の配布、関係者向けセミナー・講習の定期的な開催など）を行っていますか。**該当する数字を◯で囲んでください。**
　1. 行っている
　2. 行っていない（その理由を以下に記入してください）

(1) 設問趣旨

　指導における暴力を根絶していくためには、実態を把握し、問題があった場合に処分をするだけでは十分でなく、日常的に指導において暴力を用いないよう対策を講じるなどして防止を図ることが重要である。そのために、啓発活動は重要な活動といえる。
　ここでは、各団体が行っている具体的な啓発活動について質問した。

(2) 回答状況

　① 本アンケートに回答した49団体の回答は、次のとおりであった。
　　　啓発活動を行っている（選択肢1） ……………………………… 27団体
　　　啓発活動を行っていない（選択肢2） …………………………… 20団体
　　　回答なし ……………………………………………………………… 2団体

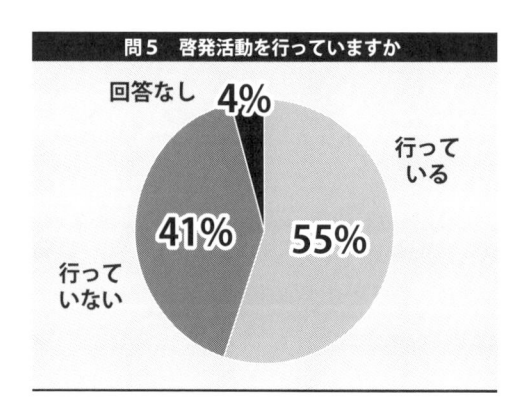

問5　啓発活動を行っていますか

- 回答なし 4%
- 行っている 55%
- 行っていない 41%

② さらに、啓発活動を行っていると回答した27団体には、どのような活動を行っているかを尋ねた。その回答は次のとおりであった（複数回答あり）。

　　パンフレットなど出版物の配布 ……………………………………………… 7団体
　　セミナー・講習会の開催 ……………………………………………………… 20団体
　　その他 …………………………………………………………………………… 9団体
　　【回答例：都道府県連盟への通達、会長メッセージの発信、セクハラ＆パワハラ撲滅運動の実施、上部団体主催の研修・講習会への積極参加など】

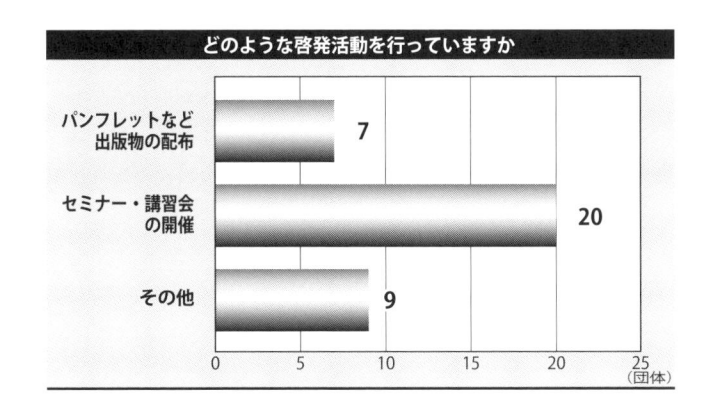

どのような啓発活動を行っていますか

項目	団体数
パンフレットなど出版物の配布	7
セミナー・講習会の開催	20
その他	9

(3) 回答分析
　① 回答を得た49団体中過半数の27団体（55％）が、何らかの啓発活動を行っていることが判明した。

　　反面、4割を占める20団体において、啓発活動が行われていなかった。啓発活動を行っていない理由として、予算・人材不足を挙げていた団体があった。相談窓口や調査機関の設置なども予算・人材を要するところであり、今後具体的な施策を講じるにあたっては、予算・人材不足が問題になる可能性があるように思われる。この問題を個々の団体任せにするのでは、なかなか解決しないと思われ、上部統括団体で支援するなどの方策を検討する必要があろう。

　　その他の回答としては、日体協やJOCからの文書を加盟団体に送付している旨、評議員会で注意喚起をしている旨、啓発活動について検討中である旨などがあった。

　　なお、啓発活動を行わない理由として、これまで指導における暴力問題がなかった旨回答した団体が2団体あった。うち1団体は、未だ実態把握調査すら行っていない団体である（調査実施予定）。もう1団体は、日本代表選手クラスの選手の実態調査を行ったが、「暴力行為はなかった」という結果を受けて、啓発活動の必要がない旨回答した。いずれも残念ながら問題意識が低いと指摘せざるを得ない。2013暴力根絶宣言を受けて、問題意識をもって啓発活動に取り組む必要がある。

　② 啓発活動を行っている旨回答した27団体のうち、セミナーや講習会を開催していると回答した団体が20団体あった。

　　各団体とも定期的に開催している講習会や、大会開催時のミーティング、選手・スタッフなど

のミーティングの機会に、指導における暴力排除の啓発活動を行っている。多くの団体でかかる啓発活動を行っているようであるが、先のJOCアンケートの結果を踏まえると、必ずしも効果を発揮していたようには思われない。

なお、予算や人材不足のため十分な啓発活動ができていない旨回答した団体もあった。
③　パンフレットなど出版物を配布して啓発している団体は27団体中7団体あった。

公益財団法人日本体育協会は、スポーツ少年団の広報誌「Sport Just」等にスポーツ指導において暴力を用いた場合の指導者の責任やコーチングのあり方などを掲載したり、同協会指導者育成専門委員会にて「21世紀のスポーツ指導者」と題する冊子を作成して、配布するなど啓発活動を積極的に行っている。

公益財団法人日本サッカー協会では、「リスペクト」（すべての人・ものを互いに大切に思うこと）や「プレーヤーズ・ファースト」（子どもたちのことを大切に考えること）という考え方を広く啓発するためのツールを制作し、選手・指導者・大会関係者・保護者に対して啓発活動を行っている。公益財団法人日本バスケットボール協会では、コーチライセンスハンドブックの表紙の裏面に暴力は指導手段ではない旨などを明記し、指導者に配布している。
④　「その他」と回答した団体では、次のような方法で啓発を行っているとのことである。
- ・会長のメッセージを関係者に発信している。
- ・加盟団体を通じて、通達を出し、暴力の根絶の徹底を図っている。
- ・競技者育成プログラムを通じて啓発を行っている。
- ・上部団体の研修会、講習会に積極的に参加させている。
- ・日体協から配布された資料を活用している。

❾設問6について

> 【問6】
> 指導者による暴力の諸問題や調査・処分のあり方など、貴団体のご意見がありましたら、お聞かせください。

(1) 設問趣旨

最後の設問として、スポーツ指導における暴力の問題、その調査・処分のあり方など、各団体の考えを尋ねるものである。

(2) 回答状況

23団体から意見等があった。以下、特徴的なものを要約して紹介する。
- ・問題が起こる度に、内部調査を行い、襟を正しているが、同様の問題が繰り返される。競技団体は根幹部分に問題を抱えている。それは選手時代から続く上下関係に起因しているものと思われる。これが原因で改革が進まないのではないか。

- 暴力根絶に向けてコツコツ取り組み、これまでの文化を変えることが最重要課題である。
- 団体に相談窓口を作る場合、問題が発生したときは、指導者と選手双方から事情を聴かなければならず、その負担は大きく、現在の競技団体のスタッフでは処理しきれないのではないかと懸念される。
- 暴力やパワハラにあたるかどうかは、被害者・加害者の主観で異なるため、実態調査を蓄積する必要があり、その取り組みに着手した。この取り組みは継続的に行うことが重要であり、これを機に継続的に暴力撲滅に取り組んでいく。
- 世間を騒がせている問題であるからといって、将来に向けた対応策を急ぐことは避けた方がよい。暴力はいけないことであるが、いま問題となっていることに端を発して対応するのは、冷静さを欠く危険がある。
- 暴力はあってはならないことであるが、この問題は選手と指導者の間に信頼関係が構築されていないことが根底にあるのではないか。
- アスリートの人格を尊重した指導育成を実質的に推進するためには、各スポーツ団体及びその都道府県連盟にてこれを推進する機関を設置し、運用することが不可欠である。
- 指導者の資質の向上を急ぐべきである。また、資格認定時の講習内容の見直しなどさらなる教育が必要である。
- 重要な問題であるので、慎重に対応したい。
- 格闘技系のスポーツは、どこまでが指導で、どこからが暴力かを明確に区別することが難しい。指導にあたっては、年齢や体力・技量を十分考慮し、愛情をもって指導すること、信頼関係を構築することが指導者に求められる。
- 未然防止、早期発見・早期対応の取り組みが重要である。
- 指導者による暴力問題などは該当する個人の一生の問題であり、団体にも極めて大きな影響力を及ぼすため、慎重な行動が必要である。
- 十分な調査と本人の釈明の確保が必要である。
- 暴力問題があった場合、迅速・適正に対応し、処分にあたるのが重要である。

(3) 回答分析

さまざまな意見が出されているが、指導における暴力の問題について、問題の本質を理解し、環境改善・暴力根絶に向けて改革を図っていこうとする団体が複数見られるのに対し、問題の本質が理解しきれておらず、様子見をしようという団体も複数あると思われる。すなわち、スポーツ界内部において、スポーツ指導における暴力問題への取り組みに温度差が見られた。

本アンケート実施時点においては、2013 暴力根絶宣言が採択される前であるために、このような温度差が見られたのであろうか。2013 暴力根絶宣言採択後のスポーツ界の取り組みを注視すべきである。

The Proposal Based on Analysis of a Questionnaire

アンケート分析に基づく提言

Field-R 法律事務所
松本 泰介

松本泰介（まつもと たいすけ）●プロフィール
　弁護士（第二東京弁護士会、2005年登録）、日本スポーツ法学会スポーツ基本法検討専門委員会事務局、日本スポーツ仲裁機構スポーツ界のガバナンスに関する委員会委員（2011年　ガバナンスガイドブック作成者）など。

前項では、大橋編集委員から、日本の主要競技団体に対する、指導における暴力問題に関するアンケート結果に関して、個別の分析があった。

　これを踏まえ、本項においては、今回のアンケート結果全体に基づき浮かび上がった、今後、日本のスポーツ界において、競技団体が、暴力根絶のために、何を取り組んでいくべきなのかについて検討を進め、いくつか提言を行っていきたい。

1 暴力問題解決への道筋
～暴力問題はまだ問題解決に着手したばかりであること

　まず、今回のアンケート結果全体に基づき、明らかになっているのは、今回2013年1月に発生した一連の問題発覚以前においては、暴力排除宣言を実施していた団体は、本アンケートの対象競技団体の2割に満たず、実態調査を行った団体は皆無だった、という結果である。

　すなわち、暴力問題を解決する上で競技団体が行うべき最初の意思表明である暴力排除宣言や、暴力問題解決の糸口を見つける初歩的な対策である実態調査さえ、全くとられていなかったというのが日本のスポーツ界の実情であることがはっきりした。

　もちろん、日本の競技団体においても、既に暴力排除宣言を実施したり、実態調査は行っていないものの、暴力問題対策を講じていた競技団体が存在することも明らかになっている。むしろ先進的な取り組みを行っている競技団体もあり、他の競技団体にも情報提供を行い、今後の有効的な対策に生かすことも重要であろう。

　しかしながら、まずもって確認すべきは、日本のスポーツ界において暴力問題が存在することが周知の事実であり、多くの競技団体は、このような問題の存在を十分に認識しながら、何ら対策をとってこなかった、という事実がある、ということである。このような状況の中で、数限りないスポーツ関係者が暴力問題の被害者となり、日本のスポーツの価値を著しく貶めていた、という事実は、今後、日本のスポーツ界において暴力問題の対策を考えていく上で、絶対に忘れてはならない大前提であろう。

　今回のアンケートでも、2013年1月以降に実態調査を行っている、あるいは行う予定であるとした競技団体が約7割を超えているが、これも、日本の競技団体がやっと実態調査に着手し始めた、という事実を示すものに過ぎない。

暴力問題を解決する道筋において、日本のスポーツ界は、まだ問題解決に着手したばかりであり、これまで数多くの被害者が発生していることからすれば、日本の競技団体は、このような危機意識をもって早急な解決を行わなければならないのである。

2 競技団体ごとに全指導者全選手の実態調査を行うべきであること

　2013年2月に実施された、日本オリンピック委員会（JOC）が「競技活動の場におけるパワハラ、セクハラ等に関する調査」では、競技名を明らかにしてアンケートを回答する形にはなっているが、最終報告書では、競技ごとの調査結果は明らかにされておらず、競技ごとの暴力問題に関しては何らアプローチがされていない。
　また、この日本オリンピック委員会（JOC）の調査は、ナショナルチームや強化指定レベルに限定されているため、それ以外のカテゴリーに関しては何ら実態調査がなされていないのである。

　しかしながら、本書における伊東編集委員の分析にもあるように、暴力問題は、何ら特定の競技、カテゴリーの問題ではなく、日本のスポーツ界のあらゆる競技、カテゴリーにおいて発生しているといっても過言ではないのである。その中でも、特に暴力問題が多く発生している競技、カテゴリーとそうでないものがあることも判明してきている。となると、この競技ごと、カテゴリーごとの暴力問題の特性を見極め、どのような対策を取るか、という点が重要な視点となってくる。

　この点、今回のアンケートでは、日本オリンピック委員会（JOC）の調査の影響もあってか、実態調査を実施した競技団体でも、ナショナルチームレベルや強化指定選手レベルに限定された調査がほとんどであったことが明らかになっている。

　日本オリンピック委員会（JOC）の調査結果においても、暴力問題が指導者のレベルの問題であるという意見が多数出る中で、ナショナルチームレベルや強化指定選手レベルの指導者については、トップレベルの指導者ということになり、暴力問題が発生する可能性が高いとはいえない。むしろ、それよりも下のカテゴリーに目を向けなければ、暴力問題の実態を正確に把握することはできないとも思われるのである。

　1団体だけ、全指導者全選手に対して実態調査を行ったという競技団体が存在したが、このような全カテゴリーでの実態調査をやらなければ、特定の競技におけるカテゴリーごとの暴力問題の特性を正確に把握することはできない。

今回の様々な報道を見て分かるとおり、暴力問題の競技に対するイメージダウンは計り知れない。今後、暴力問題が発生する競技に関しては、注目度の低下、競技人口の減少など、深刻な問題が発生することになる。競技団体においては、暴力問題の原因究明のために、全指導者全選手に対して、徹底した実態調査を行うべきであろう。

③ 暴力問題根絶のための解決サイクルを確立すべき
　～数年後の実態調査、具体的対策の改善を進める
　　必要があること

　日本のスポーツ界が抱える問題のひとつに、課題解決に関する、いわゆるPDCAサイクルなど、継続した問題検証、軌道修正が十分になされない、という問題がある。様々な不祥事に関しても、不祥事発生直後は大問題になり、解決に向けていろいろな措置が取られるものの、その後は、一切対応が放置されているケースは多い。

　これは、スポーツ指導の現場でもその傾向が見られる。どのスポーツと特定することはしないが、旧来の指導法がかなりの長期間継続されてしまっている実態がある。日本オリンピック委員会（JOC）の調査においても、このようなコメントが見られた。

　しかしながら、本来、課題解決とは、十分な計画、実行、検証、再修正という過程を経て解決に向かうものである。

　今回のアンケート結果によっても、今後の対策として、申告窓口の設置、調査機関の設置、各種啓発活動の実施という回答は存在したが、数年後再度実態調査を行うと明確に回答した競技団体は見られなかった。

　既に多くの競技団体において暴力問題が発生していることが判明している以上、競技団体においては、暴力問題根絶に向けて効果的な対策を講じていかなければならない。そのためには、実際、暴力問題が根絶されている結果を示さなければならないのであり、数年後の実態調査は必須であろう。その実態調査の中で明らかになった結果を元に、その次の具体的対策を考えていく必要があるのである。

4 競技団体への調査、評価
〜国内統括団体は、加盟団体での暴力問題改善状況を 調査、評価する必要があること

　2013年4月25日、日本体育協会、日本オリンピック委員会（JOC）、日本障害者スポーツ協会、全国高等学校体育連盟および日本中学校体育連盟の5団体は、「スポーツ界における暴力行為根絶に向けた集い」において「暴力行為根絶宣言」を採択した。

　この中で、「スポーツ団体及び組織は、スポーツの文化的価値や使命を認識し、スポーツを行う者の権利・利益の保護、さらには、心身の健全育成及び安全の確保に配慮しつつ、スポーツの推進に主体的に取り組む責務がある。そのため、スポーツにおける暴力行為が、スポーツを行う者の権利・利益の侵害であることを自覚する。スポーツ団体及び組織は、運営の透明性を確保し、ガバナンス強化に取り組むことによって暴力行為の根絶に努める。そのため、スポーツ団体や組織における 暴力行為の実態把握や原因分析を行い、組織運営の在り方や暴力行為を根絶するためのガイドライン及び教育プログラム等の策定、相談窓口の設置などの体制を 整備する」と宣言されている。

　この宣言に従い、各競技団体においては、前述の実態調査や、申告窓口の設置、調査機関の設置、各種啓発活動の実施などは行われなければならないし、行われることになるだろう。

　これに対して、国内統括団体である、日本体育協会、日本オリンピック委員会、日本障害者スポーツ協会、全国高等学校体育連盟および日本中学校体育連盟においては、例えば日本オリンピック委員会（JOC）において、現在、相談窓口の設置などが実施されているが、統括団体として最も重要なことは、このような措置だけでなく、加盟団体における暴力問題解決が軌道に乗っているのか、加盟団体の暴力問題解決状況に関する調査、評価等を実施していくことであろう。

　このような調査、評価システムがない限り、競技団体での暴力問題解決のインセンティブは生まれず、前述したとおり、一時期の報道が終了してしまえば、放置される話になりかねないのである。その意味では、国内統括団体である、日本体育協会、日本オリンピック委員会（JOC）、日本障害者スポーツ協会、全国高等学校体育連盟および日本中学校体育連盟における競技団体への調査、評価システムの構築は重要であろう。

5 終わりに

　暴力問題の解決に関しては、本稿を執筆した2013年6月現在、日本スポーツ振興センターに設立される第三者機関の権限に関し、様々な議論が行われている。今回のアンケート結果においても、自らの競技団体以外の日本スポーツ振興センター（JSC）や日本オリンピック委員会（JOC）などの第三者機関が通報窓口となり調査、処分勧告を行うことについては、全団体が積極的に協力するわけではなく、一定の条件付けや協力する必要がない、という回答も見られた。大橋編集委員が分析されているように、各競技団体の自治の意向の表れているところだろう。

　この点、筆者は、各競技団体で対応することも、第三者で対応することも、あくまで方法論であって、暴力問題を解決する上ではどちらの方法をとるにせよ、競技団体は、暴力問題解決に向けて対応しなければならないことに変わりはないと考えている。

　いささか意地悪な設問だったのかもしれないが、暴力問題に関しては、競技団体の自治も関係がない。むしろ競技団体の自治を主張するのであれば、その自治のために、高度な倫理が要求されるのであり、暴力問題に関しては、率先して解決を目指す必要があるだろう。方法論として第三者機関が対応することになったとしても、競技団体の倫理として、暴力問題根絶宣言を行った競技団体として、徹底的に協力しなければならないのである。

　冒頭に指摘したとおり、日本のスポーツ界における暴力問題解決に関しては、未だ着手されたばかりである。日本のスポーツ界が暴力問題を根絶した時こそ、日本のスポーツ界が真の勝利を得られる時であり、各競技団体はそこに向けて邁進しなければならない。（松本泰介）

資料

1 スポーツ界における暴力行為根絶宣言
P153

2 スポーツ界における暴力行為根絶宣言（英文）
P157

3 日本スポーツ法学会理事会声明
P161

4 一般社団法人日本体育学会理事会
緊急声明
P164

スポーツ界における暴力行為根絶宣言

【はじめに】

　本宣言は、スポーツ界における暴力行為が大きな社会問題となっている今日、スポーツの意義や価値を再確認するとともに、我が国におけるスポーツ界から暴力行為を根絶するという強固な意志を表明するものである。

　スポーツは私たち人類が生み出した貴重な文化である。それは自発的な運動の楽しみを基調とし、障がいの有無や年齢、男女の違いを超えて、人々が運動の喜びを分かち合い、感動を共有し、絆を深めることを可能にする。さらに、次代を担う青少年の生きる力を育むとともに、他者への思いやりや協同精神、公正さや規律を尊ぶ人格を形成する。

　殴る、蹴る、突き飛ばすなどの身体的制裁、言葉や態度による人格の否定、脅迫、威圧、いじめや嫌がらせ、さらに、セクシュアルハラスメントなど、これらの暴力行為は、スポーツの価値を否定し、私たちのスポーツそのものを危機にさらす。フェアプレーの精神やヒューマニティーの尊重を根幹とするスポーツの価値とそれらを否定する暴力とは、互いに相いれないものである。暴力行為はたとえどのような理由であれ、それ自体許されないものであり、スポーツのあらゆる場から根絶されなければならない。

　しかしながら、極めて残念なことではあるが、我が国のスポーツ界においては、暴力行為が根絶されているとは言い難い現実がある。女子柔道界における指導者による選手への暴力行為が顕在化し、また、学校における運動部活動の場でも、指導者によって暴力行為を受けた高校生が自ら命を絶つという痛ましい事件が起こった。勝利を追求し過ぎる余り、暴力行為を厳しい指導として正当化するような誤った考えは、自発的かつ主体的な営みであるスポーツとその価値に相反するものである。

　今こそ、スポーツ界は、スポーツの本質的な意義や価値に立ち返り、スポーツの品位とスポーツ界への信頼を回復するため、ここに、あらゆる暴力行為の根絶に向けた決意を表明する。

【宣言】

現代社会において、スポーツは「する」、「みる」、「支える」などの観点から、多くの人々に親しまれている。さらに21世紀のスポーツは、一層重要な使命を担っている。それは、人と人との絆を培うスポーツが、人種や思想、信条などの異なる人々が暮らす地域において、公正で豊かな生活の創造に貢献することである。また、身体活動の経験を通して共感の能力を育み、環境や他者への理解を深める機会を提供するスポーツは、環境と共生の時代を生きる現代社会において、私たちのライフスタイルの創造に大きく貢献することができる。さらに、フェアプレーの精神やヒューマニティーの尊重を根幹とするスポー

ツは、何よりも平和と友好に満ちた世界を築くことに強い力を発揮することができる。

　しかしながら、我が国のスポーツ界においては、スポーツの価値を著しく冒瀆（ぼうとく）し、スポーツの使命を破壊する暴力行為が顕在化している現実がある。暴力行為がスポーツを行う者の人権を侵害し、スポーツ愛好者を減少させ、さらにはスポーツの透明性、公正さや公平をむしばむことは自明である。スポーツにおける暴力行為は、人間の尊厳を否定し、指導者とスポーツを行う者、スポーツを行う者相互の信頼関係を根こそぎ崩壊させ、スポーツそのものの存立を否定する、誠に恥ずべき行為である。

　私たちの愛するスポーツを守り、これからのスポーツのあるべき姿を構築していくためには、スポーツ界における暴力行為を根絶しなければならない。指導者、スポーツを行う者、スポーツ団体及び組織は、スポーツの価値を守り、21世紀のスポーツの使命を果たすために、暴力行為根絶に対する大きな責務を負っている。このことに鑑み、スポーツ界における暴力行為根絶を以下のように宣言する。

一．指導者

　〇指導者は、スポーツが人間にとって貴重な文化であることを認識するとともに、暴力行為がスポーツの価値と相反し、人権の侵害であり、全ての人々の基本的権利であるスポーツを行う機会自体を奪うことを自覚する。

　〇指導者は、暴力行為による強制と服従では、優れた競技者や強いチームの育成が図れないことを認識し、暴力行為が指導における必要悪という誤った考えを捨て去る。

　〇指導者は、スポーツを行う者のニーズや資質を考慮し、スポーツを行う者自らが考え、判断することのできる能力の育成に努力し、信頼関係の下、常にスポーツを行う者とのコミュニケーションを図ることに努める。

　〇指導者は、スポーツを行う者の競技力向上のみならず、全人的な発育・発達を支え、21世紀におけるスポーツの使命を担う、フェアプレーの精神を備えたスポーツパーソンの育成に努める。

二．スポーツを行う者

　〇スポーツを行う者、とりわけアスリートは、スポーツの価値を自覚し、それを尊重し、表現することによって、人々に喜びや夢、感動を届ける自立的な存在であり、自らがスポーツという世界共通の人類の文化を体現する者であることを自覚する。

　〇スポーツを行う者は、いかなる暴力行為も行わず、また黙認せず、自己の尊厳を相手の尊重に委ねるフェアプレーの精神でスポーツ活動の場から暴力行為の根絶に努める。

三．スポーツ団体及び組織

　〇スポーツ団体及び組織は、スポーツの文化的価値や使命を認識し、スポーツを行う者の権利・利益の保護、さらには、心身の健全育成及び安全の確保に配慮しつつ、スポーツの推進

に主体的に取り組む責務がある。そのため、スポーツにおける暴力行為が、スポーツを行う者の権利・利益の侵害であることを自覚する。
○スポーツ団体及び組織は、運営の透明性を確保し、ガバナンス強化に取り組むことによって暴力行為の根絶に努める。そのため、スポーツ団体や組織における暴力行為の実態把握や原因分析を行い、組織運営の在り方や暴力行為を根絶するためのガイドライン及び教育プログラム等の策定、相談窓口の設置などの体制を整備する。

　スポーツは、青少年の教育、人々の心身の健康の保持増進や生きがいの創出、さらには地域の交流の促進など、人々が健康で文化的な生活を営む上で不可欠のものとなっている。また、オリンピック・パラリンピックに代表される世界的な競技大会の隆盛は、スポーツを通した国際平和や人々の交流の可能性を示している。さらに、オリンピック憲章では、スポーツを行うことは人権の一つであり、フェアプレーの精神に基づく相互理解を通して、いかなる暴力も認めないことが宣言されている。
　しかしながら、我が国では、これまでスポーツ活動の場において、暴力行為が存在していた。時と場合によっては、暴力行為が暗黙裏に容認される傾向が存在していたことも否定できない。これまでのスポーツ指導で、ともすれば厳しい指導の下暴力行為が行われていたという事実を真摯に受け止め、指導者はスポーツを行う者の主体的な活動を後押しする重要性を認識し、提示したトレーニング方法が、どのような目的を持ち、どのような効果をもたらすのかについて十分に説明し、スポーツを行う者が自主的にスポーツに取り組めるよう努めなければならない。
　したがって、本宣言を通して、我が国の指導者、スポーツを行う者、スポーツ団体及び組織が一体となって、改めて、暴力行為根絶に向けて取り組む必要がある。
　スポーツの未来を担うのは、現代を生きる私たちである。こうした自覚の下にスポーツに携わる者は、スポーツの持つ価値を著しく侵害する暴力行為を根絶し、世界共通の人類の文化であるスポーツの伝道者となることが求められる。

【おわりに】

　これまで、我が国のスポーツ界において、暴力行為を根絶しようとする取組が行われなかったわけではない。しかし、それらの取組が十分であったとは言い難い。本宣言は、これまでの強い反省に立ち、我が国のスポーツ界が抱えてきた暴力行為の事実を直視し、強固な意志を持って、いかなる暴力行為とも決別する決意を示すものである。
　本宣言は、これまで、あらゆるスポーツ活動の場において、暴力行為からスポーツを行う者を守り、スポーツ界の充実・発展に尽力してきた全てのスポーツ関係者に心より敬意を表するとともに、それらのスポーツ関係者と共に、スポーツを愛し、豊かに育んでいこうとするスポーツへの熱い思いを受け継ぐものである。そして、スポーツを愛する多くの人々とともに、日本体育協会、日本オリンピック委員会、日本障害者スポーツ協会、全国高等学校体育連盟、日本中学校体育連盟は、暴力行為の根絶が、スポーツを愛し、その価値を享受する者が担うべき重要な責務である

ことを認識し、スポーツ界におけるあらゆる暴力行為の根絶に取り組むことをここに宣言した。

　この決意を実現するためには、本宣言をスポーツに関係する諸団体及び組織はもとより、広くスポーツ愛好者に周知するとともに、スポーツ諸団体及び組織は、暴力行為根絶の達成に向けた具体的な計画を早期に策定し、継続的な実行に努めなければならない。

　また、今後、国際オリンピック委員会をはじめ世界の関係諸団体及び組織とも連携協力し、グローバルな広がりを展望しつつ、スポーツ界における暴力行為根絶の達成に努めることが求められる。

　さらに、こうした努力が継続され、結実されるためには、我が国の政府及び公的諸機関等が、これまでの取組の上に、本宣言の喫緊性、重要性を理解し、スポーツ界における暴力行為根絶に向けて、一層積極的に協力、支援することが望まれる。

　最後に、スポーツ活動の場で起きた数々の痛ましい事件を今一度想起するとともに、スポーツ界における暴力行為を許さない強固な意志を示し、あらゆる暴力行為の根絶を通して、スポーツをあまねく人々に共有される文化として発展させていくことをここに誓う。

　　　　　　　　　　　　　　平成 25 年 4 月 25 日
　　　　　　　　　　　　　　　　公益財団法人日本体育協会
　　　　　　　　　　　　　　　　公益財団法人日本オリンピック委員会
　　　　　　　　　　　　　　　　公益財団法人日本障害者スポーツ協会
　　　　　　　　　　　　　　　　公益財団法人全国高等学校体育連盟
　　　　　　　　　　　　　　　　公益財団法人日本中学校体育連盟

Declaration on the Elimination of Violence in Sports

[Foreword]

With this declaration, the signing organizations reaffirm the meaning and values of sports at a time when society is struggling with the problem of violence in sports. This declaration represents our firm resolve to eliminate violence in sports in Japan.

Sports is a valuable cultural asset that human beings have created. Born from the pleasure of spontaneous physical movement, sports allows all persons to enjoy exercise regardless of age, sex and gender or physical abilities. Through sports, people feel shared emotions and develop closer bonds with each other. Sports instills a zest for life in young people and teaches them consideration for others, a cooperative spirit, a sense of fairness and the ability to follow rules.

Acts of violence such as physical punishment (including hitting, kicking and shoving), words and behaviors that deny persons' dignity, and threats, intimidation, bullying, offense, and sexual harassment contradict sports values and have put sports itself in a state of crisis. Sports values, grounded in the spirit of fair play and respect for humanity, cannot be reconciled with violence that is contrary to these elements. Acts of violence are never tolerable whatever the reason and must be eliminated from all aspects of sports.

The painful reality, however, is that violence has not been eliminated from sports in Japan. In the national team of women's judo, we have learned of a coach acting violently against his athletes. And in a most tragic case, a high school student on a sports team took his own life after being subjected to violence by his coach. The overzealous pursuit of victory and the kind of thinking that can justify violence as rigorous coaching are contrary to sports, and the values of sports, as a spontaneous and voluntary endeavor.

The signing organizations hereby declare their resolve to eliminate all types of violence from sports. We make this declaration to restore sports to its essential meaning and values, reaffirm the dignity of sports, and rebuild trust in the world of sports.

[Declaration]

Many in our modern society enjoy sports, whether they are playing, watching or cheering for their players or teams. Sports has taken on an even more important mission in the 21st century: as an activity that nurtures bonds between people, sports is helping to ensure fairness and prosperity in places where people of different races, ideas and beliefs live together. Through the experience of physical activity, sports also fosters the capacity for sympathy and gives people opportunities to deepen their understanding of other people and the environment. As such, sports is a great help to building our lifestyles in a modern society learning to coexist with the environment. Furthermore, sports grounded in the spirit of fair play and respect for humanity can be a powerful force for building a world of peace and goodwill.

Unfortunately, a difficult reality has emerged in the world of sports in Japan: acts of violence that have sullied sports values and threatened the mission of sports. Violence infringes on the rights of those participating in sports, turns people away from sports, and erodes the transparency, fairness and impartiality of sports. Violence in sports is shameful conduct that denies human dignity, destroys trust between player and coach and between players, and threatens the very existence of sports.

Violence must be eliminated from sports to protect those sports that people love and make a better sports reality in the future. It is the great duty of coaches, players and sports associations and organizations to protect sports values and fulfill the mission of sports in the 21st century by eliminating violence. In light of this, the signing organizations declare their intent to eliminate violence in sports as below.

1. Coaches
    - Coaches shall be aware that sports is a valuable cultural asset for humans and that violence is contrary to sports values, infringes on human rights and takes away the opportunity for sports, which is a fundamental right for all people.
    - Coaches shall be aware that coercion or forcing obedience by violence does not lead to better athletes or teams, and shall reject the notion that violence is a necessary evil of coaching.
    - Coaches shall consider the needs and nature of players, shall foster the ability of players to think and judge for themselves, and shall at all times communicate with players in a relationship of trust.
    - Coaches shall foster not only their players' athletic skills, but their all-round development as well, and shall strive to nurture sportspersons with a spirit of fair play to help them take on the mission of sports in the 21st century.

2. Players
    - Players and especially athletes shall be aware of sports values, and shall be aware that by respecting and expressing those values, they are autonomous actors in a position to offer people joy, inspiration and excitement and that they embody the universal human cultural asset of sports.

• Players shall endeavor to eliminate violence from sports in a spirit of fair play, respecting their opponents as themselves and not engaging in or tacitly allowing any act of violence.

3. Sports associations and organizations

• Sports associations and organizations have a duty to be aware of the cultural value and mission of sports, to protect the rights and interests of players, to consider the healthy mental and physical development and safety of players, and to work proactively to promote sports. To that purpose, they shall be aware that violence in sports infringes on the rights and interests of players.

• Sports associations and organizations shall endeavor to eliminate violence by ensuring operational transparency and strengthening governance. To that purpose, they shall maintain a system to study the state and causes of violence in their associations and organizations, to establish guidelines, training programs and so on concerning organizational operations and the elimination of violence, to establish consultation services, and so on.

Sports is indispensable to human health and cultural activities. Among its many benefits, it furthers young people's education, maintains and enhances human mental and physical health, gives people a sense of purpose, and promotes interaction among area people. The flourishing of global athletic events like the Olympics and Paralympics demonstrates the potential for international peace and human exchange through sports. The Olympic Charter, moreover, declares that the practice of sport is a human right, and that mutual understanding based on a spirit of fair play can tolerate no violence of any kind.

Nonetheless, acts of violence have occurred in sports activities in Japan. Undeniably, there have been times and situations when violence was tacitly approved. We have to take seriously the fact that coaches have sometimes acted violently in the name of rigorous coaching. Then, coaches must recognize the importance of supporting the voluntary activities of their players. They need to fully explain to players the objectives of their training techniques and what benefits players can expect to receive from them. They must also endeavor to make sure that players are able to pursue their sport voluntarily.

Thus through this declaration, Japan's coaches, players and sports associations and organizations must work together in a new push to eliminate violence from sports.

Those of us living today have a responsibility for the future of sports. Knowing this, we who are concerned with sports must eliminate violence that undermines sports values and teach the virtues of sports as a universal human cultural asset.

[In closing]

The Japanese sports world has tried to rid itself of violence before. Clearly, however, these efforts have not been enough. This declaration expresses our resolve to reflect honestly on the past, confront the fact of violence in the Japanese sports world and work tenaciously to put an end to all types of violence.

Through this declaration, we affirm our respect for all those concerned with sports who have worked to protect players from violence in all types of sports activity and have enhanced the world of sports as a result. We share their love of sports and are inspired by their passion to help sports prosper. We, the members of the Japan Sports Association, Japanese Olympic Committee, Japan Sports Association for the Disabled, All Japan High School Athletic Federation, and Nippon Junior High School Physical Culture Association, along with the many people who enjoy sports, recognize that eliminating violence from sports is the duty of all who love sports and have benefited from its values, and we hereby declare that we will make every effort to eliminate all types of violence from sports.

Bringing this resolve to reality will require making this declaration well known to associations and organizations concerned with sports and all who love sports. Sports associations and organizations must furthermore establish concrete plans at an early date for eliminating violence from sports and must work continuously to implement them.

Moreover, it is our duty to partner with the International Olympic Committee and other relevant associations and organizations around the world to spread these ideals globally as we work to eliminate violence from sports.

To sustain this effort and bring it to fruition, we are hopeful that the Japanese government, public institutions and more will build upon their efforts up to now and understand the urgency and importance of this declaration, offering their active cooperation and support for the elimination of violence from sports.

Finally, we hereby recall the many distressing incidents that have happened in sports activities and state our firm resolve never to tolerate acts of violence in the world of sports. It is our promise to foster sports as a universal cultural asset by eliminating all violence from it.

April 25, 2013
Japan Sports Association
Japanese Olympic Committee
Japan Sports Association for the Disabled
All Japan High School Athletic Federation
Nippon Junior High School Physical Culture Association

日本スポーツ法学会理事会声明
緊急アピール：スポーツから暴力・人権侵害行為を根絶するために

2013年2月14日
日本スポーツ法学会 理事会

　高校運動部活動での指導者の暴力に抗議して、自ら命を絶った痛ましい事件が起こりました。お亡くなりになった生徒さんに対して、心からご冥福をお祈り申し上げるとともに、ご遺族の方々に哀悼の意を表します。

1. 暴力・人権侵害行為との決別

　私たちはスポーツにかかわる一員として、高校運動部での暴力事件及び競技団体での暴力行為など噴出する一連の事件に大きな憤りを感じています。これらの暴力は、人の生命を奪うこともあり、人の尊厳を踏みにじる、あってはならない行為であり、永年にわたって努力を重ねてきたスポーツを愛する多くの人々の思いを踏みにじるものでもあるからです。

　人権侵害となる行為には、身体的な暴力だけでなく、セクシャル・ハラスメント、パワー・ハラスメント、ことばの暴力などの行為も含んでいます。これらの行為は複合的に生じやすく、悪しき麻痺感覚となり、そして、その多くは一方的な権力関係にあり相手の反論を許さない状況で生じています。つまり、暴力等の行為は、いじめが弱い者に向かってゆく構造と同じでもっとも卑劣な行為です。

　また、スポーツの結果のみにこだわる誤った指導によって生じた事柄は、まぎれもなく暴力・人権侵害行為であり、体罰というものではありません。体罰とは、学校教育や親の懲戒行為との関係で使用される用語であり、スポーツにおいて、指導者に懲戒権はありません。

　暴力から育つものは大きな憎しみでしかありません。アメリカでも、そのスポーツ指導者の後進性が批判されたのは1970年代です。その後の国際的なトップスポーツ界では、暴力により強くなるなどと考える時代はとっくの昔に過ぎ去っています。一連の暴力問題は、現在の世界基準では認められるはずはなく、即刻、解雇理由、処罰対象となります。

　これまでも日本スポーツ法学会は、「人の支配から法の支配へ」ということを主張してきましたが、今回のケースは直接的な人の支配を表した典型例で、このような暴力・人権侵害行為は、いかなる理由があっても決して許されるものではありません。

　スポーツ指導の大切な柱の一つは、スポーツをする者が自立・自律した人間として成長するの

を後押しすることです。暴力より生まれる成長など絶対にありません。

2. 良きガバナンスとコンプライアンス（法令遵守）

　2011年に成立したスポーツ基本法は、前文において、スポーツを世界共通の人類の文化と認識し、スポーツを通じて幸福で豊かな生活を営むことは、全ての人々の権利であるとしたうえで、第2条の8で「スポーツは、スポーツを行なう者に対し、不当に差別的取り扱いをせず、また、スポーツに関するあらゆる活動を公正かつ適切に実施することを旨とし、…」と適切な対応を求めています。もちろん、学校教育においても、学校教育法11条は、「校長及び教員は、教育上必要があると認めるときは、文部科学大臣の定めるところにより、児童、生徒及び学生に懲戒を加えることができる。ただし、体罰を加えることはできない。」と懲戒行為であっても明確に身体的な暴力を否定しています。

　さらに、暴力性の排除から出発した近代スポーツは進歩し、今日のオリンピック憲章では、国際オリンピック委員会IOCの使命と役割の第1に、「スポーツにおける倫理の振興、及び優れた統治およびスポーツを通じた青少年の教育を奨励、支援するとともに、スポーツにおいてフェアプレーの精神が隅々まで広まり、暴力が閉め出されるべく努力すること。」として、非暴力の精神を明確に掲げています。このような非暴力や非差別そしてフェアプレーの精神こそが世界共通の人類の文化を支えているのです。

　これらの精神に立ち返り、スポーツ団体及びすべてのスポーツ関係者が法令を遵守すること、そして、児童・生徒、アスリートなどすべてのスポーツに関わる人の尊厳を守るために、いまこそ、変革の時と自覚し、暴力・人権侵害行為の根絶に立ちあがらなければなりません。

3. 提言

　このような課題に対しては、緊急を要するものと一方では時間をかけて議論し、設計してゆくべきものがあります。スポーツにかかわる人権侵害を根絶するためには、まず各スポーツ組織・団体からの暴力・人権侵害行為の排除宣言と相談窓口の設置が急務です。また、主体をどこにおくか、プライバシーへの配慮やその権限など様々な論点もありますが、調査等の第三者機関の具体的創設も急がれます。さらに、倫理綱領の策定、スポーツ基本法の改正や今後の個別立法そして背後にある構造的問題の解明と改善には丁寧な議論が必要でしょう。

　これらを踏まえ、日本スポーツ法学会は以下の提言をいたします。
(1)　スポーツにかかわる一切の組織・団体は暴力・人権侵害を排除する宣言をする。
(2)　スポーツ団体等のガバナンスの強化と関係者の法令遵守を徹底する。
(3)　スポーツをする児童・生徒とアスリート等を守るために救済を求める者が相談できる窓口を設置する。
(4)　公正中立な調査機関として第三者機関を創設する。
(5)　倫理綱領の策定及びスポーツ基本法に暴力の排除等の条項を追加修正する。

(6) 指導方法及び指導者養成システムを確立する。

　いままさに、21 世紀の日本のスポーツの方向性を追求するときを迎えています。一部でも暴力等を認める余地のある主張には私たちは組みすることはできません。
　今後も日本スポーツ法学会として、スポーツにかかわる暴力・人権侵害につながる行為の根絶に向けて訴えてまいります。

一般社団法人日本体育学会理事会 緊急声明

　2012年12月23日、大阪市立桜宮高校の男子バスケットボール部主将が顧問教員の体罰に抗議してみずから命を絶ちました。誠に痛ましい出来事であり、心からご冥福を申し上げるとともに、ご遺族の方々に哀悼の意を表します。

　今回の出来事は、現在なおわが国の社会に潜在している運動部の体罰の現状をあらためて私たちに見せつけることになりました。私たちにとって、運動部における体罰が指導上の「禁じ手」であることは過去も、現在も、そして未来も自明の理です。そのために、一般社団法人日本体育学会において、こうした声明を出すこと自体が本来、不必要との認識がありました。

　しかしながら、2013年1月12日の日本体育学会理事会では、今回の「桜宮高校における体罰事件」が議題に取り上げられ、運動部の指導において体罰は用いてはならないことが必ずしも徹底されていない現状を認識し、あらためてこの問題を直視して真摯な対応を行うべきであるという意見で一致しました。

　手始めとして、体育・スポーツ・健康関連のわが国最大の学術研究団体である一般社団法人日本体育学会は、わが国における運動部の体罰を根絶するために、この緊急声明を出すことにいたしました。

　日本体育学会にはこれまで64年の歴史があります。この緊急声明を踏まえて、これまで日本体育学会において調査・研究され、蓄積されてきた運動部の指導における体罰問題に関する知見を結集し、新たに「運動部における体罰根絶への提言」を作成し、公表したいと考えています。

体罰による運動部の指導は、顧問教員が動物の調教のように生徒を自在に操ろうとする手段であり、決して容認できるものではありません。実験心理学の研究成果が示すように、閉じられた空間の中で人を罰することができる権限をもたせると、その権限は次第にエスカレートしていき、他方で罰を受ける側もそれを甘受するようになります。同様に無気力で無抵抗な人間を作り出すという実験結果も見られます。

　その一方で、競技スポーツの隆盛は、学校運動部に多くの責務を負わせていることも事実です。体育・スポーツの本来的姿を改めて確認することも体罰根絶につながるものと考えます。

　一般社団法人日本体育学会は、今後、運動部における体罰の生徒への影響を科学的に検証するだけでなく、体罰のない指導が競技成績向上にも有効であり、かつ不可欠であることを、学会全体で総力を挙げて社会に訴えかけていきます。

2013年1月31日
一般社団法人日本体育学会理事会
会長　山西 哲郎
副会長　朝岡 正雄
副会長　平野 裕一
常務理事　近藤 良享
（理事一同）

編集後記

　多数の報道にみるとおり、我が国の中学校や高校の部活動には、まだたくさんの暴力がある。スポーツにおける暴力は、極めて根深い問題である。しかし、暴力を根絶するには、この機会をおいてほかにない。その一方で、暴力も必要な指導として許されると考える指導者が未だ存在している。今年4月の高野連の調査に対し、全加盟校の10％に近い393校が指導する上で必要と回答したという。本来、生徒たちは、スポーツが好きで、わくわくする気持ちを抑えきれずにスポーツに参加しているはずだ。なのに、なぜ殴られなければならないのか。スポーツは楽しいからこそ価値がある。その根源を問い直す必要があるように思う。（伊東　卓）

　高校時代に部活動をしていたゼミ生が卒業論文のテーマに体罰の研究を取り上げたことがある。まずはデータ収集をと学生に協力してもらいアンケートをとったのだが、「体罰を受けて上手になれた」、「体罰は時には必要だ」、「指導者と信頼関係があったから何とも思わない」等々の肯定論が多いのを見て、彼女が「先生、私がこの問題に取り組んだのは体罰を根絶したいからです。私は将来教師になってサッカー指導者になりたい。その時には体罰を絶対にしない指導者になりたいからです」と言って悔しそうな顔をしていたことを、体罰が問題になるたびに思い出す。
　彼女は、高校時代の部活中に理不尽な体罰を受け何度も辞めたいと思っていたそうだ。しかし、サッカーの魅力を捨てることはできなかったから耐えたのだとも言っていた。スポーツが嫌いにならずに今、部活指導をしている彼女に本書を読んでもらいたいと思っている。（入澤　充）

　「スパルタ教育」。今から30数年前、子どもの頃、この言葉が厳しい教育・指導の代名詞になっていた。学校でも家庭でも体罰が当たり前、むしろ是とされていた時代。根性でスポーツをする時代。
　しかし、時代は変わる。スポーツには多様な価値が見いだされ、スポーツを行うことはすべての人の権利であることが確認された。他人の権利を踏みにじる手段の典型である暴力がスポーツにおいて寛容される時代は終わった。スポーツ界自ら暴力根絶宣言を明確に謳い、暴力根絶に舵を切った。スポーツ指導は「服従」から文字どおり「導く」方向へ移行する。指導力こそが鍵となる非暴力の時代が始まる。先にあるスポーツの真の勝利に向けて。（大橋 卓生）

Editor's Postscript

　昨秋からの桜宮高校の暴力問題や全柔連の暴力問題等において明らかになったことは、個々の案件について、当該スポーツ団体が自律的に解決を図ることには限界があるということである。スポーツのコアバリューの一つはスポーツコミュニティ間の良好なコミュニケーションである。
　であれば、今後、スポーツの世界で起きた様々な課題について、最終的に政策を決する国家機関はもとより、関連するスポーツコミュニティ、例えばスポーツ団体や学校関係者、スポーツ法曹、地域住民、選手、コーチ、サポーターやマスコミなどの間で課題認識について共有すること、そしてその上で熟議を重ねて解決方策を模索するというプロセスを確立することが決定的に重要である。その実現に向けスポーツコミュニティ一人ひとりが自らの意識を向上させることが最善最短の解決策であることを銘記すべきである。(境田 正樹)

　スポーツの価値とは何だろうか。様々なエンターテインメント、レジャーが存在する中で、スポーツが生き残っていくために、いつも考えてしまう。立場を超えた公平性(フェアプレーとも言われる)、誰も予測できない結果の偶然性などは、重要なスポーツの価値だろう。
　指導における暴力は、これらのスポーツの価値と正反対の行為である。スポーツの価値を著しく貶め、この世におけるスポーツの存在を否定しかねない重大な問題だ。シンプルに考えて、暴力があるスポーツに、誰も価値を見いださないだろう。
　暴力を使う指導者は、まずもって自分の行為が、自身が行っているスポーツの価値を貶めていることを知るべきだと思う。(松本 泰介)

　「暴力はダメだ」日本体育協会指導者講習の講師を担当して何回話したろうか。「スポーツと法」の講義は、2時間1枠。スポーツ事故予防、スポーツ障害(オーバーユース)予防、アスリート・指導者と競技団体の紛争の予防……もりだくさん。
　この中で、スポーツ指導者の暴力、上級生の暴力に割ける時間はわずか。十分な時間をかけた話ができずに、話す方も聞く方も消化不良。もどかしい思いで、自問自答の数年。今までを振り返ると「不戦敗」かな。桜宮高校の事件と全日本柔道連盟の事件が公になり、空気が変わった。ようやく暴力と拮抗して「たたかえる」状態に。ここで「暴力とのたたかいに勝利しなければ!」次のチャンスはないかもしれない。(望月 浩一郎)

編集委員

代表：菅原　哲朗　　（キーストーン法律事務所　弁護士）

代表：望月　浩一郎　（虎ノ門協同法律事務所　弁護士）

　　　伊東　卓　　　（新四谷法律事務所　弁護士）

　　　大橋　卓生　　（虎ノ門協同法律事務所　弁護士）

　　　境田　正樹　　（四谷番町法律事務所　弁護士）

　　　松本　泰介　　（Field-R 法律事務所　弁護士）

　　　入澤　充　　　（国士舘大学 法学部 法律学科　教授）

スポーツにおける真の勝利
暴力に頼らない指導

2013年8月29日　初刷発行

編　　者■菅原　哲朗　（代表）
　　　　　望月　浩一郎（代表）
　　　　　伊東　卓
　　　　　大橋　卓生
　　　　　境田　正樹
　　　　　松本　泰介
　　　　　入澤　充
発 行 者■大塚　智孝
発 行 所■株式会社 エイデル研究所
　　　　　〒102-0073　東京都千代田区九段北 4-1-9
　　　　　TEL.03-3234-4641
　　　　　FAX.03-3234-4644
編 集 担 当■熊谷　耕／村上　拓郎
印刷・製本■中央精版印刷株式会社

＊落丁・乱丁のときはおとりかえいたします。
© 2013 T.Sugawara,K.Mochizuki,T.Ito,T.Ohashi,M.Sakaida,T.Matsumoto,M.Irisawa
Printed in Japan ISBN978-4-87168-531-3 C0075